智库丛书
Think Tank Series

国家发展与战略丛书
人大国发院智库丛书

# 布雷顿森林体系崩溃五十年：
## 美元本位评估与未来体系展望

**Fifty Years after the Collapse of
the Bretton Woods System:**
An Assessment of the Dollar Standard and
an Outlook for Future System

刘元春 刘 凯 等 著

中国社会科学出版社

**图书在版编目（CIP）数据**

布雷顿森林体系崩溃五十年：美元本位评估与未来体系展望 / 刘元春，刘凯等著 .
—北京：中国社会科学出版社，2023.1

（国家发展与战略丛书）

ISBN 978 - 7 - 5227 - 1300 - 7

Ⅰ.①布…　Ⅱ.①刘…②刘…　Ⅲ.①国际货币体系—研究　Ⅳ.①F821.1

中国国家版本馆 CIP 数据核字（2023）第 024313 号

| | | |
|---|---|---|
| 出 版 人 | 赵剑英 | |
| 责任编辑 | 郭曼曼 | |
| 责任校对 | 杨　林 | |
| 责任印制 | 王　超 | |

| | | |
|---|---|---|
| 出　　　版 | 中国社会科学出版社 | |
| 社　　　址 | 北京鼓楼西大街甲 158 号 | |
| 邮　　　编 | 100720 | |
| 网　　　址 | http://www.csspw.cn | |
| 发 行 部 | 010 - 84083685 | |
| 门 市 部 | 010 - 84029450 | |
| 经　　　销 | 新华书店及其他书店 | |

| | | |
|---|---|---|
| 印　　　刷 | 北京明恒达印务有限公司 | |
| 装　　　订 | 廊坊市广阳区广增装订厂 | |
| 版　　　次 | 2023 年 1 月第 1 版 | |
| 印　　　次 | 2023 年 1 月第 1 次印刷 | |

| | | |
|---|---|---|
| 开　　　本 | 710×1000　1/16 | |
| 印　　　张 | 16 | |
| 插　　　页 | 2 | |
| 字　　　数 | 162 千字 | |
| 定　　　价 | 86.00 元 | |

# 目　录

# 前　言

自 1971 年 8 月 15 日"尼克松冲击"算起，布雷顿森林体系崩溃已经过去 50 余年。本书在全球宏观经济金融数据的基础上对美元作为世界货币的历史效果进行了系统评估，就国际货币体系的主要矛盾和演化规律进行了深入剖析，并结合全球公共品和国际政治经济学的视角就国际货币体系的未来演进方向和中国的国际货币战略提出了一些观点。

从提供国际流动性这一职能来看，布雷顿森林体系崩溃以来，除个别时期外全球美元流动性供给充足且有过剩趋势；从调节国际收支这一职能来看，牙买加体系和美元本位没能对全球经济失衡进行有效调节，全球贸易失衡作为长期性和结构性的现象持续存在，而美元本位本身就是其根本原因之一；从维护国际金融市场稳定这一职能来看，以美元本位为核心特征的国际货币体系表现不佳，美元本位本身成为导致国际金融市场动荡甚至危机的重要原因；从国际货币体系公平性这一角度来看，美元本位不是一个公平的国际货币体系，美国与其他经济体的地位不对等，美国获利更多。

在对美元本位的历史效果进行总体评估之后，本书还从国际贸易、国际投资、国际金融以及国际政策协调四个方面就其与国际货币体系的关系和协同演化逐一进行了更深入、细致的分析。

就国际货币体系与国际贸易的关系来看，在布雷顿森林体系解体后的 50 年间，全球贸易失衡和贸易摩擦不断，美国通过贸易逆差的方式向全球提供美元这一世界货币的供给，其自身的贸易逆差持续扩大，制造业不断外移，自身产业空心化加剧，2001 年中国加入世界贸易组织之后，进一步加速了全球分工体系的变迁。近十多年以来，随着中国经济的崛起以及中国发展带来的全球分工体系的重构，包括中国在内的越来越多的国家要求结算货币多元化，再加上美国经济持续疲软，财政状况不断恶化，对当前以美元为主要结算和计价货币的国际货币体系提出了挑战。本书认为全球贸易失衡规模的扩大是贸易自由化和金融自由化的共同结果，也是美元独大的国际货币体系的必然产物。全球贸易失衡的持续存在，中美贸易不平衡的不断扩大，究其根源是在美元霸权的国际货币体系下，美国持续扩大的贸易逆差导致美国国内制造业外移，美国内部的产业结构出现"空心化"，全球分工体系持续变迁。随着贸易失衡和全球分工体系的重构，以美元为主导的国际货币体系面临新的挑战。

就国际货币体系与国际投资的关系来看，布雷顿森林体系解体以来，国际投资活动大幅增加，同时国际投资不平衡问题也日益凸显。本书关注了这种不平衡现象的演变及其引起的收益分配问题。1990年代初冷战结束和 2008 年国际金融危机是国际投资活动的两个重要转折点，国际投资规模和结构在不同阶段呈现出不同的特点。随着国际投资存量的增加，国际投资不平衡问题逐步凸显，主要体现为两个现象：对外净资产分布的不平衡和对外资产净收益率的不平衡。在第一个现象中，不平衡分别发生在两个集团内部；国际金融危机以来，大量新兴经济体在对外净资产并没有明显改善的情况下，正面临着越来越大的国际金融市场波动风险。在第二个现象中，不平衡则主要发生在两个集团之间，新兴经济体和其他发达国家之间的差距越来越大，而发达国家内部美国和其他发达国家在资产结构和资产收益率上的差距则越来越小。自布雷顿森林体系解体以来，在国际投资不平衡的发展过程中，除了美国持续获益以外，其他发达国家从中获得的收益也在不断增加。而对新兴经济体来说，除了少数国家以外，整体来看从 20 世纪 90 年代以来在国际投资活动中的收益在相对下降。美国作为国际投资不平衡现象的主导者，2008 年国际金融危机以来其外部不平衡的调整方式有了一定改变。估值效应对于改善其对外净资产的作用趋于消失，但美国通过金融服务贸易和投资收益所获得的顺差不断提高，整体国际收支得到了一定改善，同时大规模的对外资产和负债还为美国主动利用政策调整解决国际收支不平衡问题提供了潜在工具。国际投资不平衡问题的分析，有助于我们加深对布雷顿森林体系解体以来国际货币体系演进的认识。

就国际货币体系与国际金融市场的关系来看，布雷顿森林体系崩溃以来，金融市场的国际一体化程度越来越高。本书详细讨论了美元作为全球融资货币对国际金融市场的影响，并分析了美元融资的机制、特点、趋势和脆弱性。本书还讨论了美元同全球金融周期的关系，并归纳了应对全球金融周期的政策建议。理解美元在全球金融市场中发挥的作用，可以帮助政策制定者规避全球金融周期冲击对国内金融条件的影响。

就国际货币体系与国际政策协调的关系来看，自布雷顿森林体系崩溃以来，国际经济和金融周期都展现出了高度的联动性，但国际政策协调的整体效果不佳。各国的实际 GDP 增速、通货膨胀率、股票市值占 GDP 比重的变化率和对私人部门信贷占 GDP 比重的变化率都受到全球共同趋势的显著影响。这意味着要么各国的经济和金融周期都受到全球性冲击的影响，或者国别性的冲击具有极强的溢出效应。无论是哪种情况都意味着国际政策协调不仅仅是一个重要的理论问题，也是一个十分重要的政策问题。由于不同国家既有的货币体制和货币政策执行框架不仅对各国经济和金融周期有着重要的影响，也构成了国际政策协调不得不面对的制度环境。布雷顿森林体系崩溃之后，国际货币基金组织（International Monetary Fund，IMF）、国际清算银行（Bank for International Settlements，BIS）等国际协调组织在金融监管政策协调方面做出了持续性的努力。在这些平台中，美国具有很强的话语权，这使得发展中国家的权益如何得到保障这一问题难以解决。然而，随着国际经济和政策形势的变化，美国在这些现有平台中的影响也在削弱，发展中国家的力量有所上升。不仅如此，G20作为新的协调组织形式，在协调发展中国家与发达国家经济政策方面发挥了积极的作用。在未来的国际货币体系中，应该进一步改革现有平台，创新国际政策协调方式，通过多渠道构建起充分考虑各国经济政治文化社会环境因素的差异性，具有可行性和互利性的国际政策协调体系。

因此，关于美元本位的历史效果评估，本书的基本结论是：虽然从金本位到布雷顿森林体系，再到牙买加体系和美元本位，是历史发展的必然，符合全球生产力的发展方向和要求，但当前美元本位的国际货币体系内在矛盾突出，难以胜任未来全球经济和政治发展的需要。牙买加体系的主要矛盾是美元既为本国货币（主权信用货币）又为世界货币的双重角色矛盾，随着美国经济相对实力的逐步衰落，这一矛盾将更加凸显。在这一矛盾下，还出现了"美国福利悖论"，而且美国维持美元霸权困难重重。

一个运行良好的国际货币体系作为全球公共品应该满足公共性要求，未来国际货币体系演进的路径上虽然存在"金德尔伯格陷阱"的困扰，但从原则上来说，未来国际货币体系的根本出路不在于一个或几个大国主导，而在于基于全球各国民主协商的合理制度设计，在于人类命运共同体理念的制度化。从布雷顿森林体系到牙买加体系，国际货币体系彻底摆脱了金属货币的桎梏，从牙买加体系到未来的国际货币体系，则要彻底摆脱主权货币的束缚、创建全新的真正的国际货币；未来的国际货币体系要从过于分散化和市场化的制度安排进化到基于更高理性的规则和管理的体系，从而在全球流动性提供、国际收支调节、全球金融稳定以及国际公平性等方面做得更好。历史经验和现实情况都预示着，人类构建替代牙买加体系和美元本位的超主权国际储备货币体系将是一个漫长的过程，至少需要几十年的时间。从当前的美元本位迈向未来国际货币体系需要经历"三步走"：多元货币体系—SDR（或者某种替代方案）作为超主权国际储备货币的基本雏形—成熟的超主权国际储备货币体系。决定未来国际货币体系形态及其到来时间的关键，不是技术层面的问题，而是全球经济政治格局的重大变化以及国际合作制度层面的根本性改进，但数字货币技术的发展为未来超主权国际货币的良好设计方案可以提供技术上的铺垫。

关于中国的国际货币战略，本书提出如下建议。第一，在中短期内，以美元本位为核心的国际货币体系依然稳固，人民币国际化应该"以我为主"，与"双循环"新发展格局相配合。第二，在长期内，美元本位大概率会逐渐松动甚至出现动荡，国际货币体系将进入美元—欧元—人民币三足鼎立的多元货币体系时代，中国应做好规划并逐步完善相关制度安排。第三，在国际宣传和交流层面，中国不宜过度宣扬人民币国际化战略及其成果，不宜造成人民币要走美元霸权老路的印象，而应在人类命运共同体理念的指引下倡导基于国际公共利益和各国民主协商的国际货币新体系。第四，应该辩证地看待数字人民币与人民币国际化的关系，稳步推进数字人民币的研究、试点与发行工作。在中短期内，从当前数字人民币的定位（零售型央行数字货币、替代流通中的现金、不计付利息）和试点情况来看，数字人民币发行的主要影响在国内，其对人民币国际化的影响十分有限；但在长期内，随着CBDC（央行数字货币）在全球的普及和应用，CBDC的技术竞争、设计方案竞争以及应用场景竞争可能会异常激烈，届时数字人民币的技术实力将与中国经济、贸易、金融实力一道，成为决定人民币能否成为多元货币体系中"一元"的关键因素之一。

本书是中国宏观经济论坛（CMF）课题组集体研究成果，执笔人包括刘元春、刘凯、芦东、冯俊新、陈朴、钱宗鑫。具体来说：刘元春和刘凯负责前言、第一章、第二章、第七章、第八章和第九章；芦东负责第三章；冯俊新负责第四章；陈朴负责等五章；钱宗鑫负责第六章。感谢郭明旭、贾相钟、卢晓莹、龚劲等同学的助研工作。本书受到国家自然科学基金重大项目"区块链与数字货币中的博弈论"（72192801）和中国人民大学"双一流"跨学科重大创新规划平台——数字经济跨学科交叉平台的支持。

第一章

# 美元成为世界主导货币以来
# 全球宏观经济的动态变化

自 1971 年 8 月 15 日"尼克松冲击"(即时任美国总统尼克松宣布暂时关闭美元兑换黄金窗口)算起,布雷顿森林体系崩溃已经过去 50 年。根据国际货币体系以及全球经济政治的特点,我们可以将第二次世界大战结束以来的世界经济历史大致划分为四个时期:

1. 1945—1970 年,布雷顿森林体系时期;

2. 1971—1991 年,后布雷顿森林体系冷战时期(牙买加体系建立,冷战);

3. 1992—2007 年,大缓和时期(冷战结束,经济金融全球化快速发展);

4. 2008 年至今,后危机时代(国际金融危机爆发,中国经济崛起)。

1944 年 7 月,参加筹建联合国的 44 国政府代表在美国布雷顿森林举行会议,达成了一致意见,签订"布雷顿森林协议",建立了金本位制崩溃后一个新的国际货币体系,1945 年 12 月国际货币基金组织正式成立。布雷顿森林体系是对金本位的修正，为第二次世界大战后全球经济贸易的恢复与发展作出了重要贡献，但其自身矛盾也决定了其不得不崩溃。牙买加体系使得人类货币体系在历史上第一次与金属货币脱钩，代表了历史演进的正确方向，它预示着信用货币时代彻底到来，它不是美元主导地位的终结，而是美元的新生，从此国际货币体系的核心特征就是美元本位。但牙买加体系和美元本位又是"不成体系的体系"，在特定的历史时期和全球经济环境下它可以运行良好，但其天然的不公平性、不稳定性决定了它不可能是国际货币体系的最终归宿，国际货币体系必然要继续演进。随着新兴经济体的崛起和全球经济的进一步发展，数字经济新形态和数字货币技术的涌现，人类民主政治意识和命运共同体意识的不断增强，世界各国对国际货币体系提出了新的要求和需求，一个新的、超越牙买加体系的国际货币体系必然要在将来出现。

在布雷顿森林体系崩溃 50 年之际，本书将在全球宏观经济金融数据的基础上对美元作为世界货币的历史效果进行系统评估，就国际货币体系的主要矛盾和演化规律进行深入剖析，并结合全球公共品和国际政治经济学的视角就国际货币体系的未来演进方向和中国的国际货币战略提出一些观点。

本书首先简要分析美元成为世界主导货币（即 1945 年）以来全球宏观经济的动态变化情况，这既是布雷顿森林体系和牙买加体系得以发挥作用的大的经济历史背景，也在某种程度上能够反映出国际货币体系对全球经济的实际影响和其自身缺陷。

（一）全球经济增长呈放缓趋势

如图1-1所示，1945年以来全球经济增长呈现放缓趋势。1971年布雷顿森林体系崩溃以前，全球经济增长稳定在较高水平。1971年布雷顿森林开始崩溃以后，伴随着两次石油危机的爆发，全球经济增长波动性增大且平均增长率下降。1991年冷战结束以后，世界经济进入大缓和时期，直至2008年之前全球经济增长比较平稳，但其平均增长率依然没能回到1971年之前的水平。2008年国际金融危机的爆发以及近年来新冠肺炎疫情在全球的蔓延，使得全球经济增长的波动性进一步加大，全球性的严重经济衰退频现。另外可以发现（如图1-2和图1-3所示），全球经济增长放缓的态势主要是由发达经

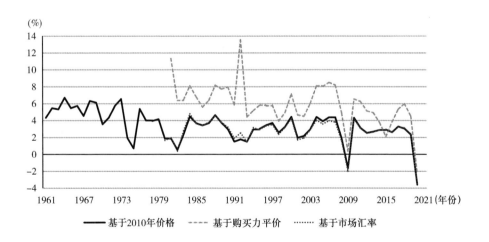

**图1-1 全球 GDP 增长率**

资料来源：World Bank、IMF。

济体所决定的。实际上，2008 年之前，新兴市场与发展中国家的经济增长一直呈现上扬态势。

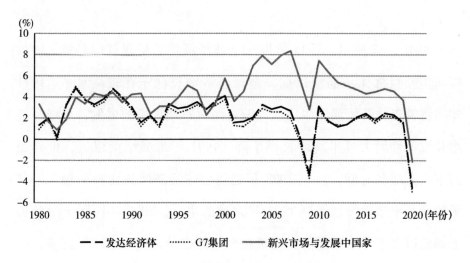

**图 1-2 不同发展水平国家 GDP 增长率**

资料来源：IMF。

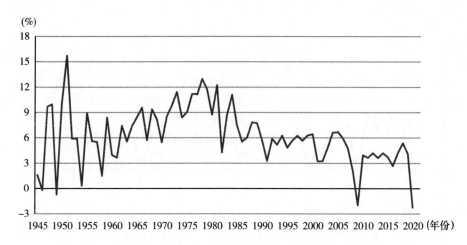

**图 1-3 美国 GDP 增长率**

资料来源：美国商务部经济研究局。

一方面，虽然本书倾向于认为，在当前国际货币体系（即美元本位）下，货币因素表现为长期非中性，货币因素会对全球长期生产、分配、交换、消费产生重要影响。但是我们不得不承认，第二次世界大战以来全球经济增长动态变化的主要决定因素还是其他一些更重要的、非货币因素，包括：第二次世界大战以后世界主要经济体的经济复苏，经济全球化的发展，发展中国家的经济追赶和趋同效应，全球技术进步和技术扩散的动态变化，人口老龄化，收入分配差距扩大，以及新冠肺炎疫情等外生自然灾害的影响。另一方面本书也认为，在各个时期，国际货币体系的不同制度安排对全球经济增长和经济波动产生了较大影响。例如我们可以粗略看到，1971 年之前的布雷顿森林体系是有利于全球经济增长和稳定的，布雷顿森林体系崩溃之后，全球经济增长的波动性整体增大了。另外，2008 年国际金融危机的爆发，在某种程度上也是美元本位体系自身矛盾的结果。

（二）全球通货膨胀率下降至较低水平

虽然在后布雷顿森林体系冷战时期（1971—1991 年），无论是美国通胀率还是全球通胀率，都处于较高水平，但是从大缓和时期开始，全球通胀率逐步下跌，2008 年国际金融危机以后，全球通胀率跌至更低水平。大缓和时期，全球通胀率下降至较低水平的主要原因有二：一是大缓和时期全球经济的稳定增长和全球贸易的稳定发展，在供给侧层面向全球市场提供了充足的商品，将通胀率压制在相对较低水平；二是全球主要经济体在宏观经济政策（尤其是货币政策）方面的完善，使得政府对通货膨胀的控制能力得到提升。2008 年之后的后危机时代，全球经济长期停滞倾向和新冠肺炎疫情将使得全球通胀率与全球经济增速一道在较长时期内都处于较低水平（详见图 1-4、图 1-5、图 1-6）。

**图 1-4　全球通胀率水平**

资料来源：World Bank。

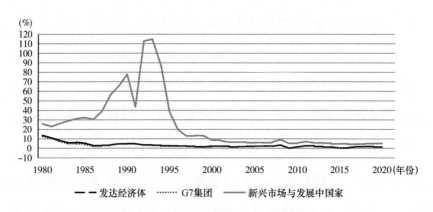

**图 1-5　不同发展水平国家通胀率**

资料来源：IMF。

图 1 - 6　美国通胀率水平

资料来源：IMF、World Bank。

（三）世界贸易不断发展，2008 年国际金融危机后开始放缓

　　第二次世界大战结束以来，全球贸易出现了较快的增长，无论是从贸易额的增长率还是从全球贸易占 GDP 比重来看都是如此（详见图 1 -7）。在布雷顿森林体系时期，全球贸易的增速是较快的。布雷顿森林体系崩溃以后，在后布雷顿森林体系冷战时期，全球贸易处于一个相对稳定的增长水平。而自 1991 年冷战结束以后，全球经济进入大缓和时期，在这一时期全球贸易的增长速度进一步提升。但是，自 2008 年国际金融危机之后，全球贸易增速开始下行，伴随着逆全球化思潮的蔓延和相关贸易政策的实施，以及新冠肺炎疫情的发展，全球贸易增速下跌的态势进一步明显。全球商品贸易占 GDP 比重在 2008 年前后达到历史峰值（详见图 1 -7）。

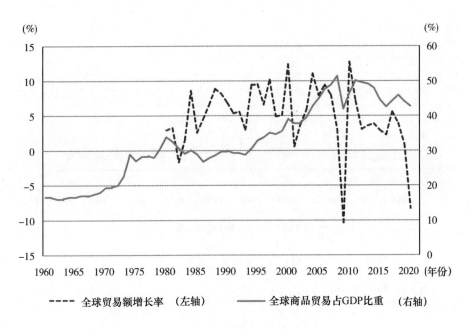

图1-7　全球贸易增长率及商品贸易占比

资料来源：IMF、World Bank。

（四）全球金融市场快速发展，资产价格高涨且波动性增大

1945 年以来尤其是 1971 年布雷顿森林体系崩溃以来，全球金融市场快速发展，股票交易额、能源价格和大宗商品价格快速上涨，且资产价格的波动性也在增大，直到 2008 年国际金融危机之前达到顶峰（详见图 1-8、图 1-9、图 1-10）。究其原因，一是由于全球经济稳步增长和全球投资者乐观情绪的驱动，二是金融市场的发展和完善以及金融全球化，但国际流动性的充分供给也功不可没。我们可以看到，在 1971 年之前的布雷顿森林体系时期，能源价格和大宗商品价格都稳定在相对较低水平。

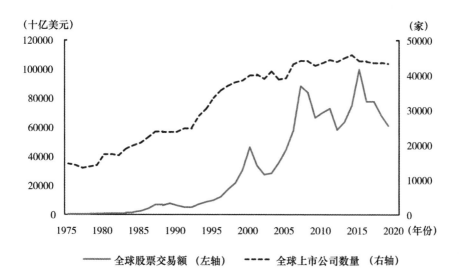

**图1-8 全球股票市场规模**

资料来源：World Bank。

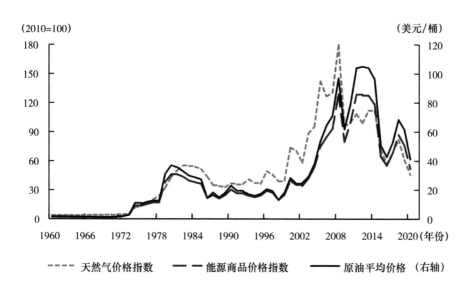

**图1-9 石油价格及能源价格指数**

资料来源：World Bank。

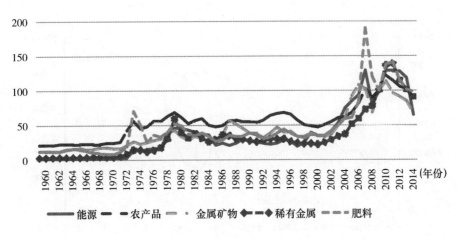

图 1 – 10　大宗商品价格指数

资料来源：World Bank。

## （五）美国 GDP 占全球经济总量比重下降，中国经济崛起

国际货币体系的演变，与世界经济格局密切相关。在布雷顿森林体系建立之初，美国 GDP 和贸易的相对规模在世界上都占据绝对主导地位。但从长期趋势来看，美国 GDP 占全球经济总量比重及其贸易额占全球贸易比重都呈现长期下降的趋势。1960—2020 年，按市场汇率计算，美国 GDP 占全球经济总量比重由约 40% 降至 25%，其贸易额占全球贸易比重由约 50% 降至不足 30%（详见图 1 – 11 和图 1 – 12）。

与此同时，自全球经济大缓和时期以来，中国经济快速崛起，在后危机时代，中国经济崛起的速度进一步跃升。截至 2020 年，按市场汇率计算，中国 GDP 占全球经济总量比重约为 17.5%，占美国 GDP 比重的 70%，而中国贸易额占全球贸易比重约为 30%，已经超过了美国贸易额的相对规模。

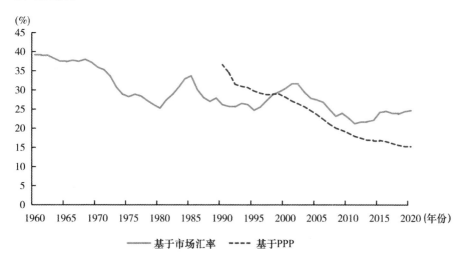

**图 1 – 11　美国 GDP 占全球经济总量比重变化趋势**

资料来源：IMF、World Bank、美国商务部经济研究局。

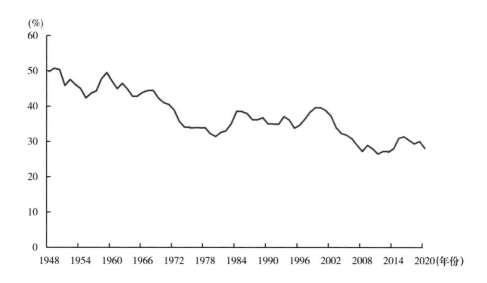

**图 1 – 12　美国贸易额占全球贸易比重变化趋势（基于市场汇率）**

资料来源：IMF、美国商务部经济研究局。

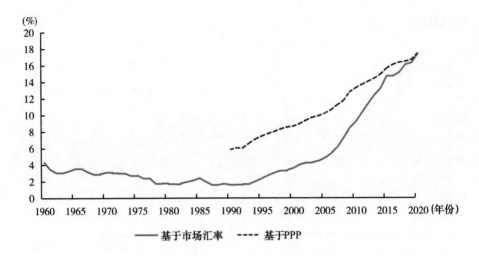

**图 1-13 中国 GDP 占全球经济总量比重变化趋势**

资料来源：IMF、World Bank。

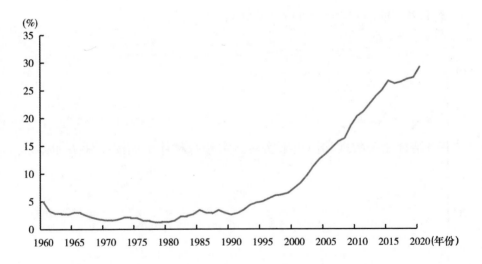

**图 1-14 中国贸易额占全球贸易比重变化趋势（基于市场汇率）**

资料来源：IMF、World Bank。

# 第二章

# 美元本位的历史效果评估

一个运行良好的国际货币体系，至少应该要满足以下条件：首先，要为国际贸易和世界实体经济发展提供适当的国际流动性，过多或过少都不宜，国际金本位崩溃的一个重要原因就是它不能提供充足的国际流动性；其次，要能对国际收支进行必要的调节，避免贸易失衡过大引发贸易冲突甚至政治、军事冲突；再次，要能维护国际金融市场的基本稳定，避免重大金融危机的发生及蔓延；最后，要符合公平性原则，在规则设定以及相关福利分配中不能出现明显的不公平。本书将结合相关数据和历史事实对布雷顿森林体系崩溃、牙买加体系建立以来的以美元本位为核心特征的国际货币体系进行系统评估。

（一）从提供国际流动性这一职能来看，布雷顿森林体系崩溃以来，除个别时期外全球美元流动性供给充足且有过剩趋势

美元作为世界货币，最主要、最基本的一个功能就是作为世界经济的交易媒介。在国际贸易和国际金融市场交易中，使用美元单一货

币定价和交易能够大幅降低交易费用。充足的美元流动性能够保证各种交易的正常进行，能够保证全球的商品和金融资产价格维持在一个正常、稳定的水平，而非严重的通货膨胀或者通货紧缩。根据环球银行间金融电信协会（SWIFT）统计，近年来美元在国际支付中使用的比例稳定在40%左右（详见表2-1）。

表2-1　　　　2012—2020年来各种货币在国际支付中所占比例　　　（单位:%）

| 币种 ＼ 年份 | 2012 | 2013 | 2014 | 2015 | 2016 | 2017 | 2018 | 2019 | 2020 |
|---|---|---|---|---|---|---|---|---|---|
| USD | 39.76 | 39.52 | 44.64 | 43.89 | 42.09 | 39.85 | 41.57 | 42.22 | 38.73 |
| EUR | 33.34 | 33.21 | 28.30 | 29.39 | 31.30 | 35.66 | 32.98 | 31.69 | 36.70 |
| JPY | 2.45 | 2.56 | 2.69 | 2.78 | 3.40 | 2.96 | 3.36 | 3.46 | 3.59 |
| GBP | 8.68 | 9.13 | 7.92 | 8.43 | 7.20 | 7.07 | 6.76 | 6.96 | 6.50 |
| CHF | 1.91 | 1.29 | 1.39 | 1.56 | 1.53 | 1.26 | 0.81 | — | — |
| CAD | 1.97 | 1.90 | 1.92 | 1.70 | 1.93 | 1.57 | 1.84 | 1.98 | 1.77 |
| AUD | 2.11 | 1.89 | 1.79 | 1.50 | 1.55 | 1.39 | 1.57 | 1.55 | 1.44 |
| CNY | 0.57 | 1.12 | 2.17 | 2.31 | 1.68 | 1.61 | 2.07 | 1.94 | 1.88 |
| HKD | 1.09 | 1.11 | 1.27 | 1.17 | 1.31 | 1.22 | 1.44 | 1.46 | 1.43 |
| Others | 8.12 | 8.27 | 7.91 | 7.27 | 8.01 | 7.41 | 7.60 | 8.74 | 7.96 |

资料来源：SWIFT。

美国向外输出美元的主要途径有两条：官方渠道和民间渠道。官方渠道是指美联储通过与其他央行进行货币互换向其他国家提供美元。美联储与其他国家央行做货币互换业务，向其他国家央行提供美元，再由其他国家央行向本国银行、企业和个人售汇从而流入市场。

民间渠道是指美元通过贸易和金融渠道流出美国。从历史数据来看，美元输出以民间渠道为主，美元货币互换的历史较短，其规模也相对较小（详见图2-1）。中央银行之间的货币互换，是指央行之间相互以本币或者可自由兑换货币，按约定的汇率、期限和利率进行互相调换的操作。货币互换最早在2007—2008年国际金融危机期间创设，用以维护全球的美元流动性，当时美联储与全球主要央行达成临时美元流动性互换安排。2011年12月，美联储再度延长与欧洲央行、加拿大央行、日本央行、英格兰银行和瑞士国家银行的临时性美元流动性互换协议的期限，目的在于向海外金融机构提供美元流动性，缓解由欧洲债务危机引起的信贷紧缩压力。2013年10月，美联储和以上五家央行把临时双边流动性互换协议转换成长期货币互换协议。2020年3月，为应对新冠肺炎疫情的影响，除以上五家央行之外，美联储又与另外9个国家的央行建立临时的美元流动性互换安排，分别是澳大利亚、巴西、韩国、墨西哥、新加坡、瑞典、丹麦、挪威和新西兰。如果美联储愿意与世界各国的央行普遍、长期使用规模适度的货币互换（充当全球央行），当前牙买加体系的很多问题可以解决，但美国显然不会这么做。

图2-2和图2-3展示了1959年以来美国的货币供给情况。1971年布雷顿森林体系崩溃之后美国M0增速是要快于布雷顿森林体系时期的。2008年国际金融危机之后美国流通中的现金增速大幅上升，到量化宽松结束，流通中的现金上升了370%。到2014年量化宽松结束前美国依然维持着大规模的基础货币扩张，量化宽松结束之后短暂

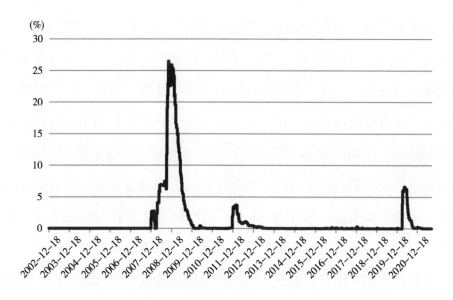

**图 2 − 1　中央银行流动性互换规模占美联储总资产的比例**

资料来源：美联储。

收缩了基础货币，直到新冠肺炎疫情暴发重新开始扩张。从图 2 − 4 亦可看出，在 2007 之前，美联储的资产规模都是在以一个缓慢的速度上升，平均增长率约为 6%，而在国际金融危机之后，由于美联储实行量化宽松政策，大量购买资产以刺激美国经济，美联储的资产负债表规模从 2007 年的约 8900 亿美元扩张到了 2014 年年底的 45000 亿美元，扩张到原先规模的 5 倍，量化宽松期间平均增长率达到 33%。再看美国 M2 数据，以 1971 年为界，前后 M2 扩张速度有较大的差异，1971—1985 年的平均 M2 增长率明显大于之前，布雷顿森林体系崩溃之后的货币扩张更快。大缓和时期 M2 的增速开始降低，国际金融危机和新冠肺炎疫情之后 M2 增速又大幅上扬。

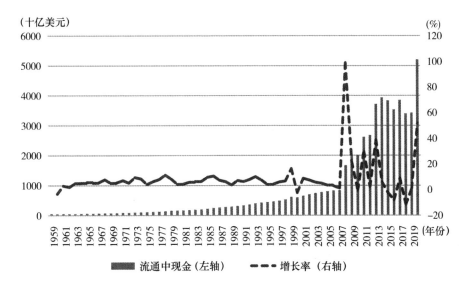

**图 2-2　美国流通中的现金及其增长率**

资料来源：美联储。

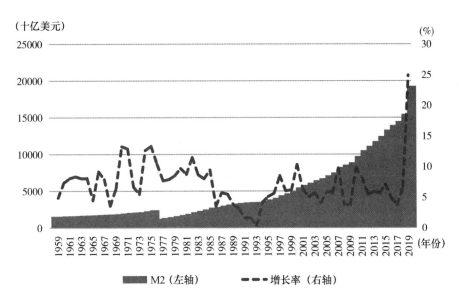

**图 2-3　美国 M2 及其增长率**

资料来源：美联储。

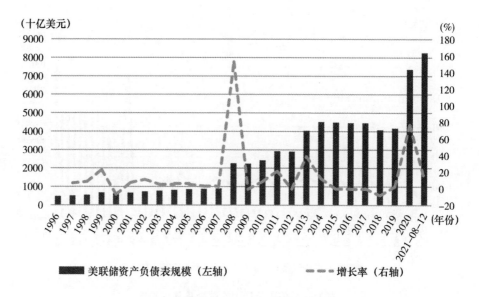

**图 2 - 4　美联储资产负债表规模及其增长率**

资料来源：美联储。

　　虽然美国国内的货币供给并不能完全反映全球美元供给的情况，但是在一定程度上可以作为一种参考。美国财政部等部门曾经发布报告，估计了在海外流通的美元纸币（100 美元面值）所占的比重（详见图 2 - 5）。可以看出，布雷顿森林体系解体以后，离岸美元的比重出现了较大幅度的增长，目前占比依然在 60% 以上。实际上美元流出海外之后，由于在存款保证金等方面不受监管，离岸美元的货币乘数可能要大于在岸美元。

　　TED 利差（3 个月期美元 Libor 与美国国债收益率的利差）是衡量离岸美元流动性的重要指标。Libor 反映了伦敦金融市场交易的资金成本，伦敦是全球最重要的离岸美元市场，而 3 个月期美元 Libor 则反映了在这个市场上的美元资金成本，由有资格参与报价的大型银

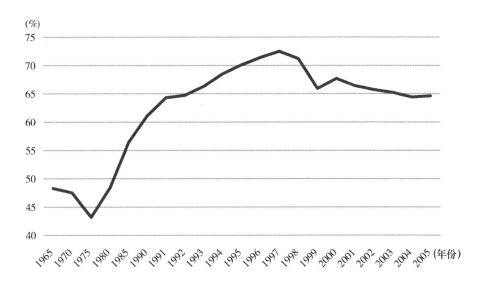

**图 2 - 5　海外流通的面值 100 美元纸币所占比重**

资料来源：The Use and Counterfeiting of United States Currency Abroad, available at https：// www. treasury. gov/press – center/press – releases/Pages/hp154. aspx。

行的报价计算得出，Libor 是拆借利率，其本身包含了风险溢价。而一般 3 个月期美国国债可以被认为是市场的无风险利率，二者的利差反映了欧洲美元市场的拆借风险，也反映了欧洲美元市场的流动性情况。当该利差较低的时候，市场认为流动性较充足，借贷美元的相对成本较低，而该利差增大的时候，市场认为流动性不够充足，借贷美元的相对成本比较高。

图 2 - 6 显示，TED 利差在 2008 年出现了峰值，由于 2008 年国际金融危机爆发，全球金融市场崩溃，美元流动性显著不足，TED 利差大幅上升，而随着量化宽松的进行，美联储向市场释放大量美元流动性，流动性不足的问题得以缓解，从 TED 利差的回落趋势可以看

出，在国际金融危机之后，TED 利差一直维持在较低水平，这也与美联储的大幅扩表有关。值得注意的是，国际金融危机前后 TED 利差的平均水平也不一致，可以看出，大缓和时期的 TED 利差平均来看比 1991 年之前大幅降低，而金融危机之后又进一步降低（如图 2-7 所示）。

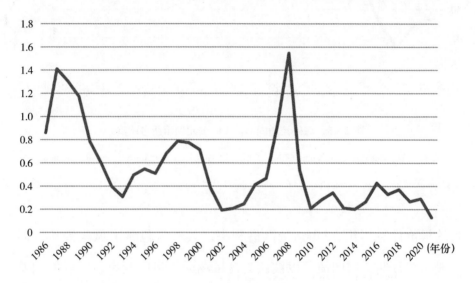

图 2-6　TED 利差

资料来源：美联储。

从 TED 利差的动态变化、美国货币供给数据以及前文所示的全球资产价格和通胀数据来看，布雷顿森林体系崩溃以来整体上美元的流动性是比较充足的。1991—2007 年全球经济大缓和时期通胀较低，大宗产品价格和 TED 利差都比较稳定，说明这段时期全球流动性水平比较合适。2008 年之后美联储实行量化宽松，向市场投放大量流动性，低通胀是低增长的伴随现象，而大宗产品价格却上升，从利差

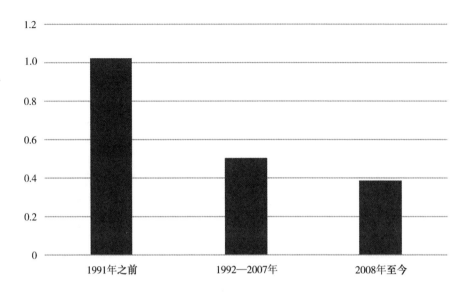

**图 2 – 7 各时期平均 TED 利差**

资料来源：美联储。

的角度来看，流动性可能过于充足。后危机时代全球经济进入低利率
时代，长期停滞风险陡增，存在流动性陷阱，过多的全球流动性没能
刺激通胀和增长，却推高了资产价格。

美国除了直接对外输出国际流动性——美元以外，还输出虽不是
货币美元但流动性极高的美元计价资产，例如作为各国外汇储备的美
元资产。因此，其他国家积累的美元外汇储备规模也可以作为衡量国
际美元流动性的补充指标。1995—2020 年，世界官方外汇储备中的美元
资产绝对规模从不足 1 万亿美元大幅增长到 7 万亿美元，其相对占比稳定
在60%左右，这在一定程度上也反映出美元储备资产的充足甚至过剩。

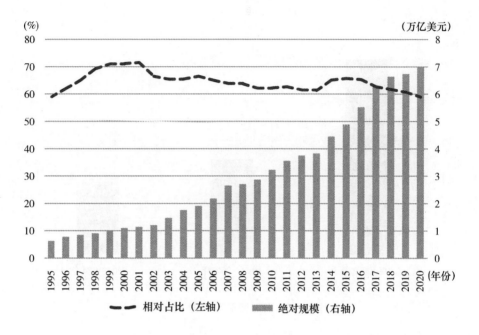

**图 2 - 8　世界官方外汇储备中的美元资产**

资料来源：IMF。

（二）从调节国际收支这一职能来看，牙买加体系和美元本位没能对全球经济失衡进行有效调节，全球贸易失衡作为长期性和结构性的现象持续存在，而美元本位本身就是其根本原因之一

一个运行良好的国际货币体系应该能对持续存在的贸易逆差或顺差进行调节，使得全球贸易失衡的规模不至于太大，从而不对某些国家的经济发展和就业产生重大的不利影响，这也是凯恩斯在思考战争根源以及参与构建布雷顿森林体系时所持有的观点。

第二次世界大战后关于全球失衡的基本情况是，布雷顿体系崩溃

之后全球失衡的规模迅速上升，到 2008 年上升到最高水平，2008 年
之后有所下降，但仍然远高于布雷顿森林体系时期（详见图 2 - 9）。
实际上，布雷顿森林体系崩溃之后，全球贸易失衡的主要特征表现为
美国持续性的贸易逆差。图 2 - 10 所示的美国贸易逆差走势与图 2 - 9
基于全球数据所定义和计算的全球失衡规模的走势是高度一致的。

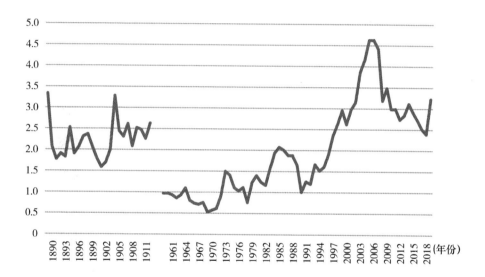

**图 2 - 9 全球失衡规模**

资料来源：作者参考杨盼盼和徐建炜（2014）的方法，根据世界银行、帕尔格雷夫世界历史
统计（欧洲卷，美洲卷，非洲、亚洲及大洋洲卷）数据自行计算得到。全球失衡规模的计算方式
如下：金本位制时期选取 1890—1913 年有连续数据的 10 个国家（排除战争干扰，法国，意大利，
丹麦，挪威，德国，英国，美国，日本，澳大利亚，瑞典），第二次世界大战选取 1960—2020 年数
据较为连续的 22 个国家（法国，意大利，丹麦，挪威，德国，英国，美国，日本，澳大利亚，瑞
典，韩国，中国，土耳其，巴西，芬兰，加拿大，西班牙，智利，墨西哥，阿根廷，印度，荷
兰），将每年度各国顺差（逆差）绝对值加总除以各国 GDP 加总乘以 100 得到。

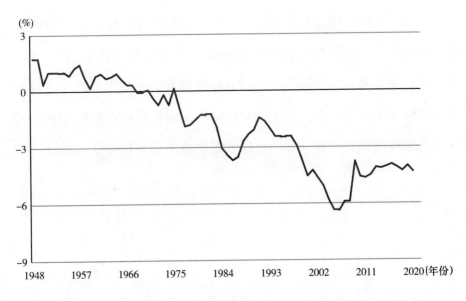

**图 2 - 10 美国贸易余额占 GDP 比重**

资料来源：IMF。

不同国际货币体系对全球贸易失衡的调节能力和调节手段是不一样的：从理论上讲，金本位制有着近乎完美的国际收支调节机制（详见图 2 - 11），然而从历史现实来看，这个机制并不能顺畅运行，各国央行仍然将稳定货币和汇率作为第一目标，金本位制的自动调节机制形同虚设。第一次世界大战期间各国对黄金的封锁使得这一机制更加无法发挥作用。图 2 - 9 所示内容也表明了这一点。除此之外，图 2 - 11 所描绘的理论机制过于静态，从全球贸易和生产增长的动态视角来看，黄金数量的增长不足以支持全球商品的增长，因此随着经济的发展必然会出现全球通货紧缩。在金本位制崩溃之后，产生了金块本位制和金汇兑本位制这两种金本位制的变种，然而这两种本位制都无法克服金本位制的缺陷，因此金本位制实际破产。

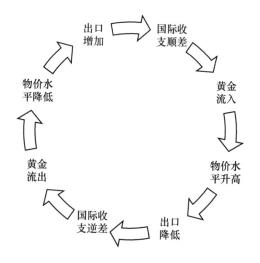

**图 2-11　金本位在理论上的国际收支调节机制**

在布雷顿森林体系下，各国货币与美元挂钩，美元与黄金挂钩，又称"双挂钩"。在布雷顿森林体系下，国际收支调节在理论上存在三种渠道：依靠 IMF 融资调节；依靠汇率变动；运用经济政策调节内外均衡。但是，首先由于"双挂钩"的存在，各国货币间接与黄金挂钩，各国货币对美元的汇率，只能在法定汇率上下各 1% 的幅度内波动。即使依靠汇率变动来调节国际收支，也会由于汇率无法自由变动而出现冲销不足，因此通过汇率来调节国际收支失衡的手段是有限的。其次，各国依靠美元作为主要的国际储备来对外汇市场进行干预，实际上布雷顿森林体系是一种金汇兑本位制，各国货币不能自由兑换黄金，只有美元可以自由兑换黄金。布雷顿森林体系不是"非中心"的，与黄金不同，美元是一种主权货币，美国可以控制美元的供给。美元与其他国家货币地位不对称，美国的货币政策具有更大的自主性，而由于钉住汇率制的存在，其他国家在货币政策上以跟随美国为主。因此，在布雷顿森林体系时期唯一有效的国际收支调节机制就是进行资本管制。1959 年之前，跨国经济流动受到严格管制，不仅资本项目下的资金流动难以实现，经常账户的可兑换性也没有实现。西欧各国在第二次世界大战后严控经常账户，抑制资本项目流动，全球国际收支失衡受到了很好的控制。1959 年之后，经常账户实现完全可兑换，管制效率降低。但是整体上而言，由于资本账户管制，布雷顿森林体系时期的国际收支失衡并不严重。

牙买加体系与布雷顿森林体系最大的区别在于，取消"双挂钩"，各国汇率可以自由浮动，黄金非货币化。牙买加体系下的国际收支调节依靠各国自身的财政、货币和汇率政策以及各国政策之间的协调，然而国际储备体系和汇率制度的多样化使国际金融系统变得更加复杂，国际收支调节也变得更为困难。已有研究表明，牙买加体系下全球贸易失衡的产生有诸多原因：金融全球化及各国金融发展不平等，各国增长率差异，各国人口结构差异，各国货币与汇率政策的错配等。但是本书认为并从理论上证明了，美元本位本身就是全球贸易失衡的重要原因：只要全球贸易正增长及美元本位存在，国际社会就会产生超额美元需求，而在美国国内储蓄不足、无法进行资本输出的情况下，以美国持续性贸易逆差为主要特征的贸易失衡就是美元输出、满足国际社会超额美元需求的主要渠道。图 2 – 12 也证明了这一点，近 20 年来美国对其主要贸易伙伴几乎都长时间保持着贸易逆差，全球贸易失衡不仅是长期性现象，也是结构性现象，与美国自身和美元本位密切相关。

(百万元，名义值)

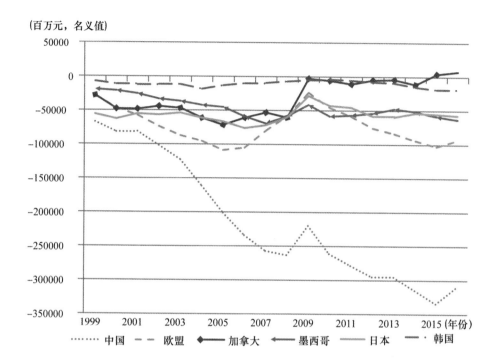

**图 2 - 12　美国对其主要贸易伙伴的贸易余额（包括货物贸易和服务贸易）**

资料来源：美国商务部经济研究局。

在牙买加体系下，国际收支失衡有时会以非正常的方式得以部分矫正，虽然这种矫正不能从根本上解决问题。一种是"广场协议"式的政策协调甚至政策压制。1985 年 9 月 22 日，美国、日本、联邦德国、法国以及英国的财政部部长和中央银行行长在纽约广场饭店举行会议，达成五国政府联合干预外汇市场，诱导美元对主要货币的汇率有秩序地贬值，以解决美国巨额贸易赤字问题的协议。"广场协议"签订后，上述五国开始联合干预外汇市场，在国际外汇市场大量抛售美元，继而形成市场投资者的抛售狂潮，导致美元持续大幅度贬值，在不到三年的时间里，美元对日元贬值了50%，也就是说，日元对美元升值了一倍。1985 年之后美国贸易赤字规模出现了较大幅度的减少。另一种是 2008 年美国金融危机后的调整。

（三）从维护国际金融市场稳定这一职能来看，以美元本位为核心特征的国际货币体系表现不佳，美元本位本身成为导致国际金融市场动荡甚至危机的重要原因

相较于布雷顿森林体系，牙买加体系时期全球各国发生金融危机的频率明显增大（如表 2 – 2 所示）。由于全球金融自由化以及汇率制度的复杂多样，各种汇率制度的缺点反而被不断放大，多样的汇率制度也增加了国际协调的难度，牙买加体系并没有很好地维持国际金融体系的稳定。

表 2 – 2　　　　　　　　不同时期金融危机发生频率

| 时期 | 银行业危机<br>（次数/年） | 货币危机<br>（次数/年） | 外部违约<br>（平均次数/年） |
| --- | --- | --- | --- |
| 金本位制（1870—1914 年） | 1.3 | 0.6 | 0.9 |
| 世界大战之间（1925—1939 年） | 2.1 | 1.7 | 1.5 |
| 布雷顿森林体系（1948—1973 年） | 0.1 | 1.7 | 0.7 |
| 牙买加体系时期（1973—2008 年） | 2.6 | 3.7 | 1.3 |

资料来源：Oliver Bush, Katie Farrant, Michelle Wright, "Reform of the International Monetary and Financial System", *Bank of England Financial Stability Paper*, No. 13, 2011.

　　虽然 1976 年《牙买加协定》之后的牙买加体系是以浮动汇率为特点的汇率体系，但是 20 世纪 90 年代末有不少发展中国家仍然采取钉住美元的汇率制度，这种制度的问题在于货币当局必须要拥有足够的外汇储备来使汇率维持在货币当局合意的水平，但问题在于这些发展中国家货币当局并没有足够的外汇储备。除了外汇储备的问题，美国国内利息的变化（或者相关预期的变化）引起的全球资本流动，也经常成为新兴经济体货币危机或金融危机产生的重要原因（详见表 2－3）。

表 2－3　　　　　　近 20 年来一些经济体金融危机产生的原因

| | 货币危机 | 1997 年泰国泰铢危机 | 1998 年俄罗斯卢布危机 | 2001 年阿根廷比索危机 | 2014 年俄罗斯卢布危机 |
|---|---|---|---|---|---|
| 诱因及经验教训 | 内部诱因 | 固定汇率制，房地产泡沫，股市泡沫 | 政局不稳，财政失衡，外汇储备不足 | 固定汇率制，财政失衡，政局不稳 | 外债负担沉重 |
| | 外部诱因 | 美元升值，投机性货币攻击 | 泰国、韩国金融危机传染，投机性货币攻击 | 美联储加息 | 油价大跌，美欧金融经济制裁，美元升值预期 |
| | 经验教训 | 密切关注美元升值动向，外汇储备不充足时固定汇率风险大，金融制度完善应先于金融开放 | 市场制度完善应先于金融开放，要有良好财政状况和合理债务结构，足够外汇储备的重要性 | 密切关注美元加息，固定汇率制的弊端，要有良好的财政状况和合理的债务结构 | 合理外债规模的重要性，经济结构单一（过度依赖石油出口）的危害，密切关注美元升值动向 |

资料来源：笔者根据公开资料整理。

布雷顿森林体系崩溃以来，国际金融系统的不稳定也可以从美元汇率的不稳定以及作为全球安全资产的美国国债利率的不稳定窥见端倪（详见图 2-13）。在金融全球化的背景下，这二者的较大波动必然导致国际资本流动的不稳定性，进而导致某些国家金融市场的动荡，甚至引发全球性的金融危机。

**图 2-13 美元指数走势**

资料来源：美联储。

（四）从国际货币体系公平性这一角度来看，美元本位不是一个公平的国际货币体系，美国与其他经济体的地位不对等，美国获利更多

在美元本位下，美元具有双重属性，它既是美国本国货币，又是世界货币。但是从政策制定的角度来看，美联储的目标函数是最大化

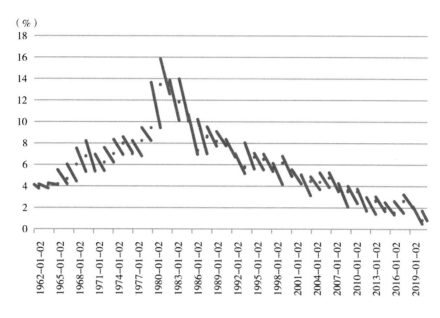

**图2-14 美国10年期国债到期收益率**

资料来源：美联储。

美国自身利益，而不是最大化世界利益，这就决定了美国政策制定者大概率会采纳那些有损世界居民福利但有利于美国利益的政策。虽然IMF有一定的监督及协调功能，但在重大事项上美国都具有一票否决权。另外，美联储在组织架构上也并非世界央行，其信息认知能力和政策工具都有限，这就决定了它也没有能力来实现世界利益的最大化。

以美国对欧洲美元的监管为例：欧洲美元在美国之外的市场流通，本身不受美联储监管，事实上美联储也几乎没有能力监管。美联储曾经采取手段控制美元流向海外，20世纪60年代美国开征"利息平衡税"，美国人购买外国证券高于本国证券的差额要课税。1965年和 1972 年"自愿限制对外信用计划"和"外国直接投资限制计划"限制美国银行海外放贷能力。由于 20 世纪 60 年代和 70 年代美国的金融管制限制了本土银行的发展，大量美元资本通过各种渠道规避管制流向海外。离岸美元不需要缴纳存款准备金，不需要存款保险，享受更低的税收，因此海外市场更具有吸引力，境内美元大规模流失。因此美国的银行反而大力发展海外业务，从海外吸收存款以弥补资金头寸。由于美联储对海外市场的监管较弱，担心银行过于依靠离岸市场会削弱美联储的政策效力，同时美元回流规模太大会对国内造成影响，因此发布了一系列的监管措施（详见表 2-4）。

表 2-4 美联储的相关监管措施

| | |
|---|---|
| 1933 年 Q 条例 | 禁止对活期账户付息，对定期和储蓄账户设立利率上限。1957 年为 2.5%，之后逐步上升到 5.5% |
| 1969 年 D 条例和 M 条例 | 对回流的离岸美元征收 10% 准备金 |
| 1971 年 1 月 | 准备金率上升到 20% |
| 1973 年和 1975 年 | 1973 年准备金率下调至 8%，1975 年进一步下调至 4% |
| 1982 年存款机构法案 | 对相关条例废除和修正 |
| 1986 年 | 废除 Q 条例 |

资料来源：笔者根据公开资料整理。

实际上由于欧洲并不受美联储监管，美联储的相关政策虽然确实减少了美元回流的规模，但是削弱了本国银行的竞争力。美联储最根本的目的是担心欧洲美元业务影响到美联储对国内的影响，而不是其他与全球福利更相关的东西。从这里就可以看出两点：第一，美联储没有能力去监管欧洲美元市场，欧洲美元是流通在美国之外的美元的总和，没有个别国家的央行能对全球的金融机构进行监管，只能依靠国际组织推动国际协调对欧洲美元业务进行监管，而且有大量的美元在场外流通，更加难以控制；第二，美联储对欧洲美元采取的所有措施主要是考虑到欧洲美元对美国自身的影响，而很少考虑或者说次要考虑欧洲美元对全球金融体系的其他影响。

从美国对外贸易与全球经济失衡的角度来看，可持续的、结构性的贸易逆差在总体上是有利于美国居民福利的，美国居民消费的产品价值总是多于其生产的产品价值。可以证明：美元本位通过结构性的全球经济失衡增进了美国居民的福利，却削弱了世界其他国家居民的福利；如果国际贸易中的美元本位增强（即离岸美元需求增强），那么会进一步提升美国居民的福利，也会进一步削弱其他国家居民的福利（刘凯，2020）。通过进一步的分析可以发现，结构性的全球经济失衡与不平等的国际贸易是共同存在的，在长期内贸易条件是有利于美国的，美元本位正是通过不平等贸易增进了美国居民福利而削弱了他国居民福利。以美国为"货币中心"的国际分工格局决定了全球的利益分配格局，美国通过贸易和金融渠道借助高增长经济体获得高增长红利，以实现消费品的进口和资本的流入，美国从他国以低成本进口大量廉价商品的同时他国积累的外汇储备也大量流回美国资本市场，美国又获得低成本融资，进一步支撑了美国的货币和金融中心地位。美国积攒的大量债务在一定程度上就是其获得收益的表现。

另外，美元本位还使得美国在以下两个方面享有经济利益：

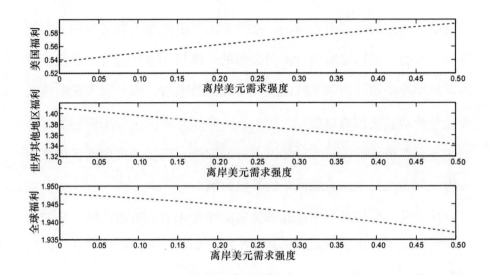

**图 2 – 15　离岸美元需求强度与全球福利分配**

资料来源：笔者根据两国宏观动态模型进行数值模拟得到。

第一，美元作为全球货币，美国自身的通胀反而能够转化为其收益。美联储大幅扩张流动性一般来说并不能引发国内的高通胀，因为大量美元流出美国引发全球的通胀，而美国的美元债务却可以被稀释，从而降低美国债务负担。

第二，美元在国际储备中的占比具有压倒性优势，美元储备占国际储备的60%以上，在主权货币作为国际储备货币的国际货币体系下，全球经济体将共同分担美元贬值和通胀风险。这种收益是难以估算的，一旦美国自身经济出现问题全球将为其买单，因此美国自身问题的解决将不仅仅依靠美国自己，它也将获得全球的帮助。

# 第三章

# 布雷顿森林体系解体之后的
# 国际货币体系与国际贸易

20 世纪 70 年代初，布雷顿森林体系解体，黄金作为国际货币退出历史舞台，人类历史上首次进入以信用货币为主导的新的国际货币体系。纯粹的信用货币摆脱了黄金枷锁，信用货币的比值不再与黄金挂钩，而与货币发行国的经济实力挂钩。布雷顿森林体系解体初期，美国强大的经济实力加强了美元在国际货币体系的霸权地位。然而，在布雷顿森林体系解体后的 50 年间，全球贸易失衡和贸易摩擦不断，美国通过贸易逆差的方式向全球提供美元这种公共品，其自身的贸易逆差持续扩大，制造业不断外移，自身产业空心化加剧，2001 年中国加入世界贸易组织之后，进一步加速了全球分工体系的变迁。近十多年以来，随着中国经济的崛起以及中国带来的全球分工体系的重构，包括中国在内的越来越多的国家要求结算货币多元化，对当前以美元为主要结算和计价货币的国际货币体系提出了挑战。

本章系统总结全球贸易失衡的现状，认为全球贸易失衡规模的扩大是贸易自由化和金融自由化的共同结果，也是美元独大的国际货币体系的必然产物。全球贸易失衡的持续存在，中美贸易不平衡的不断扩大，究其根源是在美元霸权的国际货币体系下，美国持续扩大的贸易逆差导致美国国内制造业外移，美国内部的产业结构出现空心化，全球分工体系持续变迁。随着贸易失衡和全球分工体系的重构，以美元为主导的国际货币体系面临新的挑战。本书将布雷顿森林体系解体后这50年分为三个阶段，详细论述全球贸易失衡、中美贸易、全球分工体系变迁和国际货币体系之间的关系，最后为中国更好地实现"双循环"新发展格局、促进对外贸易、推进人民币国际化，提出了相应的政策建议：首先，从布雷顿森林体系解体初期到冷战结束，这段时期美国在全球范围内通过贸易赤字输出美元，美国产业空心化初现。其次，20世纪90年代初期到2008年国际金融危机前后，这段时期美国处在大缓和阶段，也是美元霸权的顶峰，但是美国贸易逆差进一步扩大。随着2001年中国加入世界贸易组织，中国广泛参与全球分工体系，美国产业空心化加剧，全球分工体系开始重构。再次，2010年至今，这段时期随着中国经济的崛起，中国的GDP规模与美国的差距逐渐缩小，同时在高端产业跟美国进行竞争，美国经济实力的相对下降，包括中国在内的越来越多的国家要求结算货币多元化，对当前以美元为主要结算和计价货币的国际货币体系提出了挑战。此外，本章还对当前以美元为主要计价和结算货币的国际货币体系进行了分析。最后，面对国际贸易格局的改变，中国应致力于提升产业链供应链的安全性和竞争力，为实现"双循环"夯实基础；同时扩大人民币在跨境贸易和投资中的使用，并以新兴产业、贸易创新、市场为抓手，在"双循环"新发展格局中助推人民币国际化，为其提供有力支撑。

### （一）全球贸易失衡与国际货币体系

本章通过梳理布雷顿森林体系解体前后有关全球贸易失衡的典型事实，总结贸易失衡与国际货币体系的关系。我们发现，20 世纪 70 年代初布雷顿森林体系解体后，全球失衡开始逐步加剧，并在 2007 年前后达到顶峰，直至 2008 年国际金融危机后才有所缓解，但目前仍然维持在相对较高的水平。布雷顿森林体系解体后，黄金作为国际货币自此退出历史舞台，纯粹的信用货币与其发行国家的经济实力挂钩，也因此摆脱了黄金储备的限制。为了维持美元在全球范围的广泛使用，美国需要维持经常项目逆差以对外输出美元。全球贸易失衡规模的扩大是贸易自由化和金融自由化的共同结果，也是美元独大的国际货币体系的必然产物。

### 1. 全球贸易失衡综述

在布雷顿森林体系的框架下，国际收支不平衡可以通过可调整的钉住汇率制、设立国际货币基金组织和对国际资本流动进行管制加以调节。因此，在布雷顿森林体系时期，全球贸易失衡的规模长期处于历史低位。由于汇率的调整幅度相对较小，国际货币基金组织的政策协调功能也较为有限，对国际资本的流动进行管制成为该时期调节国际收支失衡的主要手段。图 3–1 显示了全球失衡总规模（经常项目顺差和逆差绝对值之和）占全球 GDP 的比重。1959 年以后，伴随着世界各主要国家经常账户的完全可自由兑换，全球失衡的规模开始上升，但在布雷顿森林体系的约束下，全球失衡的规模走势仍相对平缓。随着经常项目的开放，资本项目管制的效果也明显减弱，这是由于一些资本项目下的活动可以通过经常项目展开，经常项目失衡的规模开始缓慢增加。1971 年，布雷顿森林体系的解体加剧了全球经济失衡，这一现象在 2008 年国际金融危机前达到顶峰，在国际金融危机后才有所缓解，但仍处于较高的水平。

**图 3–1 1960—2020 年全球失衡总规模占全球 GDP 比重的变动情况**

资料来源：World Bank。

　　全球贸易失衡规模的扩大是贸易自由化和金融自由化的共同结果，也是美元独大的国际货币体系的必然产物。布雷顿森林体系解体后，黄金作为国际货币自此退出历史舞台，纯粹的信用货币与其发行国家的经济实力挂钩，摆脱了黄金储备的限制，也就是说，摆脱了黄金枷锁。自 1980 年以来，发达国家相继开放了本国的资本账户。同一时期，以美国和英国为代表的少数发达国家开始进入经常项目长期赤字的阶段。其原因在于，在资本充分流动的前提下，一国的贸易赤字无须立即进行贸易的逆向调整，以贸易逆差为主要内容的经常项目逆差则可以通过资本项目的顺差来弥补。因此，国际经济的动态平衡转化为可持续的经常项目逆差和可持续的资本项目顺差的问题，持续性的贸易失衡也开始成为世界经济的主要现象之一。同时，布雷顿森林体系下美元主导的货币体系，并没有随着布雷顿森林体系的瓦解而减弱，相反，在脱离了黄金的枷锁之后，信用货币时代美国的强大国家经济实力和军事实力，使其成为国际货币体系的核心，进而带来了美元的全球霸权。为了维持美元在全球范围的广泛使用，美国需要维持贸易逆差以对外输出美元。伴随着美元霸权地位的加强，解除管制的全球金融市场开始形成，发展中国家也逐渐融入了世界经济的大舞台。世界经济的全球扩张伴随着资本频繁的流动进入产业链和价值链的时代，全球生产依据比较优势布局，各国在产业链上的地位分化。资本被具有比较优势的国家所吸引，世界各国的贸易失衡现象不仅没有因为布雷顿森林体系解体后的资本账户开放和浮动汇率制度得到改善，反而进一步加深了全球的贸易失衡现象。

截止到 2007 年，全球贸易失衡规模（经常项目顺差和逆差绝对值之和）占全球 GDP 的比率达到顶峰（7%），全球贸易失衡的持续扩张也给世界各主要经济体带来了严重的负面影响。对于贸易逆差国而言，大规模、持续性的贸易逆差导致本国债台高筑甚至引发债务危机。事实上，由美国次贷危机引发的 2008 年国际金融危机以及随后 2012 年欧盟国家的主权债务危机都与长时间的贸易逆差紧密相关。伴随着世界范围内的信贷紧缩和有效需求的下降，发展中国家的出口量在短期内锐减，全球贸易失衡现象也因此得到缓解。然而，在以美元为主导的国际货币体系下，以美国为代表的发达国家短期内依然难以摆脱高消费低储蓄的消费模式，以中国为典型的发展中国家短期内难以转变出口导向型发展模式，全球的贸易失衡现象仍维持在较高的水平。

近些年来在美元主导的国际货币体系下，全球经济表现出低增长高风险的新特征。一方面，全球失衡的长期积累增加了全球经济的不确定性，全球经济处于长期低迷状态，使得普通民众越来越难以从全球化过程中直接受益；另一方面，"逆全球化"的思潮也在国际金融危机后涌现，"中产阶级再无产化"的现象开始在一些发达经济体中出现。更糟糕的是，面对新兴经济体的群体崛起和自身经济的增长乏力，发达国家的全球化红利持续趋紧，"逆全球化"政策在部分发达国家得到前所未有的支持，并开始成为社会各阶层的集体共识。社会问题是经济问题的延续，只有从全球经济失衡的视角理解这些新特征，才能更好地理解全球贸易失衡的根源、其与国际货币体系的关

系、以后如何应对失衡带来的全球问题和推动全球货币体系的进一步
改革和演进。

### 2. 全球贸易失衡的典型事实

全球贸易失衡是过去几十年全球经济的重要特征之一。布雷顿森
林体系解体后，在贸易上主要表现为以美国为代表的发达经济体的贸
易逆差迅速增加，而中国等新兴市场国家与石油出口国则表现出了较
大的贸易顺差。

布雷顿森林体系解体后，以美元为中心的国际信用货币体系，产
生了对美元的大量需求，而美国开始通过贸易逆差的手段对外输出美
元，美国的国际贸易逆差持续扩大。美国经济分析局的统计数据显
示，自 1976 年以来美国的年度出口额便一直小于同年度的进口额，
这也就意味着美国自 1976 年以来就维持着贸易逆差（详见图 3 - 2）。
1976—1987 年，美国的贸易逆差额大致呈现扩大的趋势；日本作为当
时主要的贸易顺差国，日元汇率问题一直是美日经济领域的焦点问
题，20 世纪 80 年代中期的"广场协议"之后，日元开始对美元大幅
升值，这在一定程度上缓解了美国的贸易逆差。因此，1987—1991
年，美国的贸易逆差逐渐缩小，但是仍然保持了一定规模的贸易逆
差。1991—2008 年国际金融危机前夕，即所谓的"大缓和"时代，
美元的霸权地位进一步加强，美国的贸易逆差额迅速扩大，并在 2008
年达到了 8325 亿美元。受 2008 年国际金融危机的影响，2009 年美国
的贸易逆差回落，但也达到了 5097 亿美元。2009—2020 年，美国的

贸易逆差额继续维持扩大的趋势，并在 2020 年达到了 9220 亿美元，为 1971 年以来的最大值。以上分析表明，自 20 世纪 90 年代以来，美国不断加深的贸易失衡是美国经济的典型事实之一。

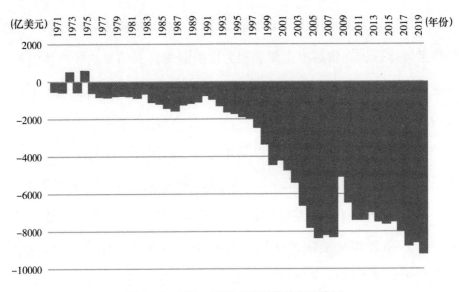

图 3 - 2　1971—2020 年美国货物贸易差额

资料来源：美国商务部经济研究局。

美国的货物贸易差额占美国国内生产总值比重的变化也体现了美国贸易失衡的发展态势，其变动趋势与美国经常项目余额的占比变动趋势大致相同，能够较好地说明美国经济失衡情况的变化趋势（详见图 3 - 3）。1976—1987 年，美国的货物贸易差额的绝对值占美国国内生产总值的比重大致呈现上升态势，并在 1987 年达到了峰值 2.8%。在经历了 1987—1991 年的短暂上升后，1991—2008 年国际金融危机前夕，即所谓的"大缓和"时代，这一比重大致呈现不断上升的趋势，并在

2006 年达到了 6.1% 的极值。2009 年，受国际金融危机的影响，这一比重降到了 3.5%。自 2010 年以来，美国贸易逆差额持续呈现扩大的趋势，这一比重逐渐稳定在 4% 左右。如果按照 IMF 认为的经常项目余额占 GDP 的比重在 2% 以内才能认定为贸易基本平衡的话，这也意味着 2010 年以来，美国的贸易失衡状况仍然较为严峻。

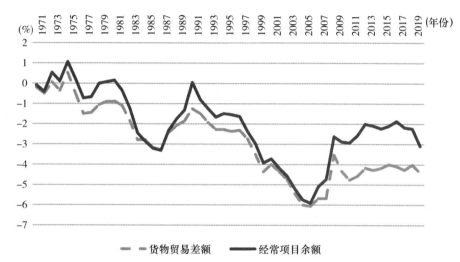

**图 3-3 1971—2020 年美国货物贸易差额和经常项目余额占美国 GDP 比重**

资料来源：笔者根据世界银行和美国商务部经济研究局的公开数据计算得到。

中国在 1978 年至 2001 年间的贸易失衡现象并不明显，但是自 2001 年中国加入世界贸易组织后，中国的进口额和出口额都经历了快速的增长，并开始表现出持续且明显的贸易顺差（详见图 3-4）。受 2008 年国际金融危机的影响，中国的进出口贸易总额在 2009 年严重下滑，较 2008 年下降 16.3%，其占 GDP 的比重从 56.4% 降至 43.2%（详见图 3-5）。中国的贸易失衡现象也在这一时期有所缓

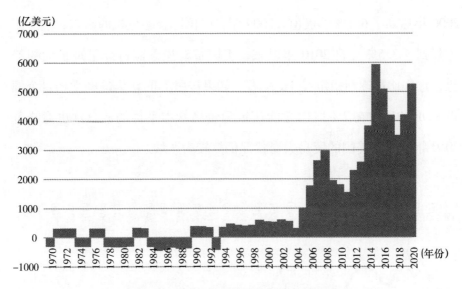

(亿美元)

**图 3 – 4　1970—2020 年中国货物贸易差额**

资料来源：笔者根据世界银行公开数据计算得到。

和，贸易顺差从 2007 年的 2639 亿美元下降到了 2011 年的 1549 亿美元。国际金融危机后，随着中国经济恢复，出口强劲增长，中国的贸易顺差和经常账户顺差持续攀升至接近占 GDP 6% 的水平，最近几年受中美经贸摩擦的影响有所回落（详见图 3 – 6）。从中国对外净出口的国别结构上看，主要表现为与美国的贸易顺差扩大，与欧盟的贸易顺差减小，与日本、韩国和澳大利亚的贸易逆差额加大（详见图 3 – 7）。自 2010 年以来，中国的进出口总额整体呈现增长态势，虽然其占 GDP 的比重持续下降，但依然保持在 30% 以上的高位，这说明中国的经济增长仍与世界市场和海外资源紧密相连。2011 年以来，中国的贸易顺差持续扩大，并在 2016 年达到 5939 亿美元的峰值。从贸易伙伴的角度而言，这一时期中国与欧盟、日本、韩国和澳大利亚的贸

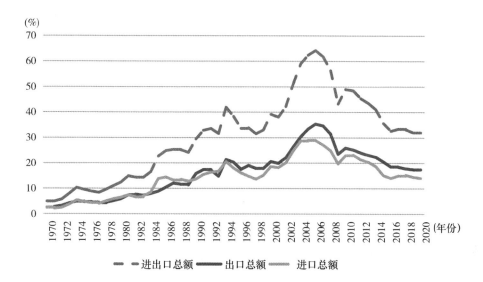

**图3-5　1970—2020年中国进出口总额、出口总额与进口总额占GDP比重**

资料来源：笔者根据CEIC公开数据计算得到。

易差额保持稳定，但对美国的贸易顺差持续扩大。

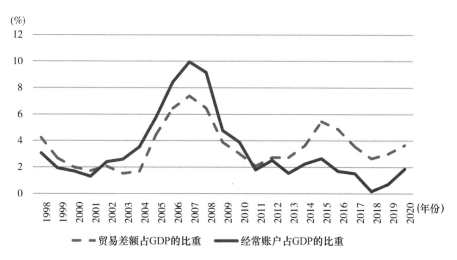

**图3-6　1998—2020年中国贸易差额、经常账户占GDP的比重**

资料来源：笔者根据CEIC公开数据计算得到。

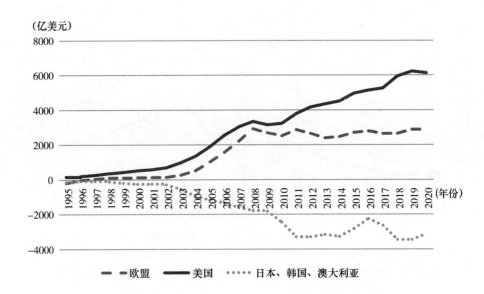

**图 3 – 7　1995—2020 年中国对贸易伙伴的净出口额**

资料来源：笔者根据 CEIC 公开数据计算得到。

　　中国贸易失衡的变化与外商直接投资水平的变动也紧密相关。伴随着经常账户的开放，全球的外商直接投资（FDI）在 20 世纪 90 年代后进入了高速增长期。一方面，跨国公司通过在各地进行生产将制成品反向出口到美国等发达国家，拉动发达国家的进口；另一方面，跨国公司生产的产品可以在生产国本地进行销售，一定程度上替代了进口国对该生产国的出口，中国就是其中典型的代表。2005 年，中国由外商直接投资企业带来的贸易差额占到了中国对外贸易差额的 55.6%，首次超过了 50%（详见表 3 – 1）。

表 3 – 1　　　　　1998—2010 年中国外商直接投资企业的进出口数据

| 年份 | 外商直接投资企业（亿美元） | | | 中国对外贸易（亿美元） | | | 比例指标（%） | | |
|---|---|---|---|---|---|---|---|---|---|
| | 出口额 (1) | 进口额 (2) | 贸易差额 (3) | 出口额 (4) | 进口额 (5) | 贸易差额 (6) | (1) / (4) | (2) / (5) | (3) / (6) |
| 1998 | 809.6 | 767.2 | 42.4 | 1837.1 | 1402.4 | 434.7 | 44.1 | 54.7 | 9.8 |
| 1999 | 886.3 | 858.8 | 27.5 | 1949.3 | 1657.0 | 292.3 | 45.5 | 51.8 | 9.4 |
| 2000 | 1194.4 | 1172.7 | 21.7 | 2492.0 | 2250.9 | 241.1 | 47.9 | 52.1 | 9.0 |
| 2001 | 1332.2 | 1258.4 | 73.8 | 2661.0 | 2435.5 | 225.5 | 50.1 | 51.7 | 32.7 |
| 2002 | 1699.9 | 1602.5 | 97.4 | 3256.0 | 2951.7 | 304.3 | 52.2 | 54.3 | 32.0 |
| 2003 | 2403.1 | 2318.6 | 84.5 | 4382.3 | 4127.6 | 254.7 | 54.8 | 56.2 | 33.2 |
| 2004 | 3385.9 | 3244.5 | 141.4 | 5933.3 | 5612.3 | 321.0 | 57.1 | 57.8 | 44.0 |
| 2005 | 4441.8 | 3874.6 | 567.2 | 7619.5 | 6599.5 | 1020.0 | 58.3 | 58.7 | 55.6 |
| 2006 | 5637.8 | 4724.9 | 912.9 | 9689.8 | 7914.6 | 1775.2 | 58.2 | 59.7 | 51.4 |
| 2007 | 6953.7 | 5597.9 | 1355.8 | 12204.6 | 9561.2 | 2643.4 | 57.0 | 58.5 | 51.3 |
| 2008 | 7904.9 | 6194.3 | 1710.6 | 14306.9 | 11325.7 | 2981.2 | 55.3 | 54.7 | 57.4 |
| 2009 | 6720.7 | 5454.0 | 1266.7 | 12016.1 | 10059.0 | 1956.9 | 55.9 | 54.2 | 64.7 |
| 2010 | 8622.3 | 7383.9 | 1238.4 | 15779.3 | 13948.3 | 1831.0 | 54.6 | 52.9 | 67.6 |

资料来源：CEIC 全球经济数据库。

　　布雷顿森林体系解体后的全球失衡还包括资源国与消费国之间的贸易失衡，主要体现为全球经常账户的顺差集中于石油出口国，而逆差则集中在石油进口国。伴随着油价的持续上涨，石油出口国累积了巨额的经常账户顺差，这些积累起来的石油盈余资金中美元所占的比重最大，又被称为石油美元。从进出口贸易的价格层面来看，石油美元的形成和规模与国际石油价格的变动紧密相连，每一次国际石油价格的上涨都会带来石油美元规模的迅猛上升。石油美元规模的扩张可以大致分为以下三个主要阶段：第一个扩张阶段为 1973—1974 年的第一次石油危机期间，石油美元得到了大规模发展。第二个扩张阶段是 1979—1980 年第二次石油危机期间，石油美元得到进一步发展，以至于在 1980 年石油输出国的经常账户盈余达到了峰值。以主要石油资源国沙特阿拉伯为例，1980 年沙特阿拉伯的经常账户余额达到了 415 亿美元，占其生产总值的 21.5%。第三个扩张阶段为 2002—2008 年，这一时期的石油价格快速上涨，导致了石油出口国贸易盈余的急剧增加，以至于在 2008 年沙特阿拉伯的经常账户余额达到了 1323 亿美元的高峰，其经常账户余额占 GDP 的比重超过了 25%（详见图 3-8）。由此可见，石油美元已经成为加剧全球国际收支失衡的重要原因之一，同时也是全球贸易失衡的典型表现。

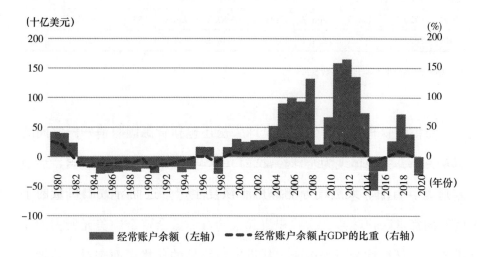

**图 3-8 1980—2020 年沙特阿拉伯经常账户余额及其占 GDP 的比重**

资料来源：IMF。

布雷顿森林体系解体后，日本也出现了明显的贸易顺差，这是全球贸易失衡的另一典型表现（详见图3-9）。20世纪70年代两次石油危机期间，日本出现了两次短暂的贸易逆差。但进入20世纪80年代，日本坚持采用出口导向型策略，通过外贸拉动经济增长，进出口贸易规模呈现同步上升趋势，贸易顺差也逐步增加。20世纪80年代中期的"广场协议"之后，日元开始对美元大幅升值，日本更强调通过扩大内需的方式拉动经济增长，从而导致日本的贸易余额有所下降。20世纪90年代后，为抵消日元升值的不利影响，日本通过在国际贸易中更广泛地使用日元作为计价结算货币等措施推进日元的国际化进程，一方面采取宽松的货币政策抑制日元过度升值，另一方面推行非关税壁垒保护政策抑制进口（吴书画，2019）。这一现象导致日本的贸易顺差在20世纪90年代初期保持了高速的增长态势。21世纪初期的日本经济虽然长期停滞，但是进出口规模仍大幅增长。2008年国际金融危机爆发前，日本的出口贸易规模就已经接近8000亿美元。2011年，日本自1970年以来首次出现了超过3000亿美元的高额贸易逆差，持续时间和幅度均明显强于石油危机期间的贸易逆差，这一现象主要是受到东日本大地震影响，日本大量进口石油、天然气等能源用于恢复生产，进而导致出口量的下降和进口量的上升。由此可见，除第一次和第二次石油危机时期外，日本在1970年至20世纪末一直保持着贸易顺差，贸易余额约占日本经常账户余额的90%，然而自2000年以来，伴随着越来越多的经济体实现汇率自由浮动和资本账户开放，日本的贸易余额占经常账户余额的比重也逐渐降低。

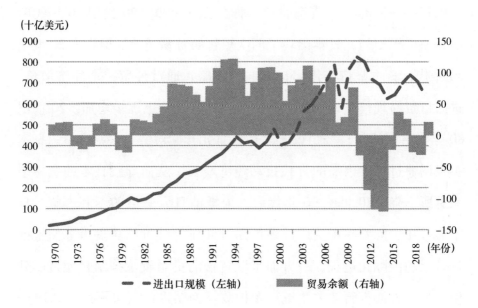

（十亿美元）

- - 进出口规模（左轴）　　▇ 贸易余额（右轴）

**图 3 – 9　1970—2020 年日本进出口规模和贸易余额的变动情况**

资料来源：CEIC 全球经济数据库。

## （二）贸易失衡与全球分工体系变迁

全球贸易失衡的持续存在，中美贸易不平衡的不断扩大，究其根源是在美元霸权的国际货币体系下，美国持续扩大的贸易逆差导致美国国内制造业外移，美国内部的产业结构出现空心化，全球分工体系持续变迁。随着贸易失衡和全球分工体系的重构，以美元为主导的国际货币体系面临新的挑战。

### 1. 布雷顿森林体系解体初期到冷战结束：美国产业空心化初现

第二次世界大战结束后的时期是美国产业空心化的萌芽阶段。作为具有全球影响力的超级大国，美国的对外政策在第二次世界大战结束后进入全球主义时期，贸易政策的目标转为推动自由贸易，减少贸易壁垒，并借此帮助美国企业打开海外市场。第二次世界大战结束后，美国通过马歇尔计划向西欧国家输出产品和美元。由于联邦德国和日本在劳动力成本、工业体系和技术水平等方面具有诸多有利条件，在 20 世纪五六十年代，美国又进一步地增加了对联邦德国和日本的投资，进而实现美国的产业转移。至此，美国实现了经济利益与政治利益的双丰收。虽然这一时期美国的平均进口关税处于低位，但由于战争对世界其他各国生产力造成了极大的破坏，美国企业并未因为低关税而失去明显的竞争优势（余淼杰等，2019）。

1971—1980 年，美国产业空心化开始进入潜伏阶段。布雷顿森林体系解体后，美国的人均 GDP 开始加速提高，美国进入了消费升级的新时期。美国居民开始降低对工业必需品的消费需求，转而倾向于购买高端制造业和服务业产品。这一消费结构的改变带动了美国生产结构的改变，即服务业产品产值上升，低端消费品和低端工业制成品的产值下降（详见图 3 - 10）。美国劳动力逐渐向第三产业流动，工业行业劳动力人口相对减少，服务业就业人数则相对增加。由于西欧和日本的产业在 20 世纪 60 年代中期逐步完成重建，这一时期美国企业在国际市场上的竞争力相对于日本和欧洲等国家有所下滑，美国国内经济也出现了通货膨胀与经济增长停滞并行的局面。面对资本收益率持续下行的压力，布雷顿森林体系解体后，美国开始了"去工业化"进程，逐渐转向以信息技术和金融化为主导的"新经济"，贸易政策也从"自由贸易"向"公平贸易"进行转变，传统制造业开始出现空心化。这一阶段，美国通过不断扩大的贸易逆差，对外输出美元，提高美元在国际范围内的使用。

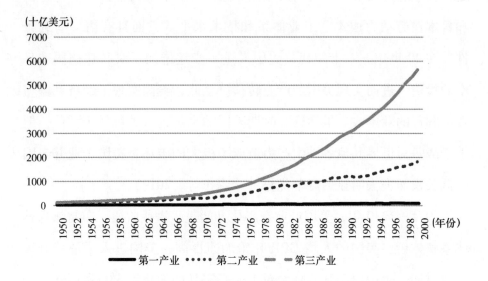

（十亿美元）

**图 3 – 10　1950—2000 年美国第一、第二和第三产业的产值变化趋势**

资料来源：美国商务部经济研究局。

20 世纪 80 年代美国的经济衰退和美元的大幅升值共同影响了美国国内制造业的发展，进一步加快了美国产业空心化的趋势，美国的贸易政策也因此转向，正式从"自由贸易"转变为"公平贸易"。这一时期，美国利率的大幅提高拉动了 20 世纪 80 年代美元指数的持续走高，美国出口企业的竞争力因此受到严重影响。美国贸易逆差占 GDP 的比重由 1981 年的 0.9% 扩大到了 1985 年的 2.8%，美国国内对贸易失衡的状况愈加不满。为解决美国的贸易赤字问题，1985 年，美国联合日本、英国、法国和联邦德国签署了"广场协议"，意在通过汇率制度干预外汇市场，通过美元对主要货币的贬值缓解美国的贸易失衡问题。由于在国际外汇市场上出现了大量被抛售的美元，美元开始持续大幅贬值，在"广场协议"签订后不到三个月的时间内，日元兑美元汇率升值 20%，这对日本的制造业出口企业造成了巨大压力。除了调整汇率，美国还通过关税和非关税的贸易政策手段限制许多行业的进口，以期改善美国的贸易失衡状况。1988 年，美国通过了《综合贸易和竞争力法》，美国总统可以就贸易逆差、知识产权和环境保护等问题向其他国家发起贸易制裁，从而抵制"非公平贸易"，这一法案为美国总统实施保护性的贸易政策提供了国内法律基础。除此以外，美国还大量运用反补贴和反倾销等非关税措施，以更隐蔽的方式保护国内企业。1982 年，由于进口钢铁的市场份额从 1979 年的 15% 上升到 22%，美国钢铁公司向 11 个国家的 41 种钢铁产品提交了 155 份反倾销和反补贴关税申请。自世界贸易组织成立以来，美国在 1995—2013 年间向世界贸易组织发起的反倾销诉讼高达 323 起，涉及金额也最大（余淼杰等，2019）。

**2. 20 世纪 90 年代初期到 2008 年国际金融危机前后：全球分工体系变迁**

进入 20 世纪 90 年代，随着冷战结束，美国经济出现了长达十余年的高增长、低通胀的阶段，这被称为大缓和时期，这段时期也是美元霸权的顶峰，美国贸易逆差进一步扩大，国内产业空心化进一步加剧。美国的经济结构在 20 世纪 90 年代加速变化，美国内在经济结构的变迁进一步加剧了美国产业空心化、产业经济转型和出口的弱化，贸易逆差也因此持续扩大。2001 年，中国加入世界贸易组织进一步带动了全球分工体系的重构。随着产业空心化和美国贸易逆差的持续扩大，美国的经济地位在 2008 年国际金融危机之后进一步动摇，关于国际货币体系重构的讨论也在 2009 年由时任中国人民银行行长的周小川提出，引起了国际社会的广泛讨论。

20 世纪下半叶，科技革命集中于高新技术领域，信息技术、电子科技、自动化和计算机等领域的进步带动了航天、生物、材料和高端制造等行业的发展。信息技术革命促使美国的制造业向高技术方向转型，劳动力向新兴产业转移，资源流向生产率和资金回报率更高的高新技术部门，进一步加快了美国产业的空心化，进而成为这一时期美国经济发展的必然趋势。科技进步、消费结构升级和投资结构变化的共同作用，极大地促进了美国经济的高技术化。与此同时，国际贸易和国际市场的变化对这一时期美国经济的高技术化也起到了重要作用。

在全球化背景下，国际市场对新产品的大量需求以及技术兴起初期的供给不足，美国的新兴产业获得了广阔的国际市场和利润空间。信息时代全球对高技术产品的需求激增、对资本和劳动密集型产品的需求相对萎缩，美国的产业不可避免地走向了高技术化。20 世纪末期，随着众多新兴市场国家实现对外开放，美国加快了通过对外直接投资向亚洲和太平洋地区进行产业转移的进程（详见图 3-11）。这一发展模式对美国和世界经济格局都造成了深远的影响。对外直接投资将美国制造业的部分环节转移至海外，一方面由于生产、组装等环节转移到海外，美国的出口额下降；另一方面，美国企业进口海外企业生产的产品，增加了美国的进口额，这两方面的共同作用扩大了美国的贸易逆差。20世纪90年代以来，美国的贸易政策充满了矛盾性。一方面，美国的高技术产业部门要求美国积极融入世界产业体系；另一方面，传统制造业的转移影响了美国部分产业部门的就业机会和工资水平。第二次世界大战以来美国的贸易政策引发了越来越多的政治争议，使得美国国内的政治和经济极化日益加重。

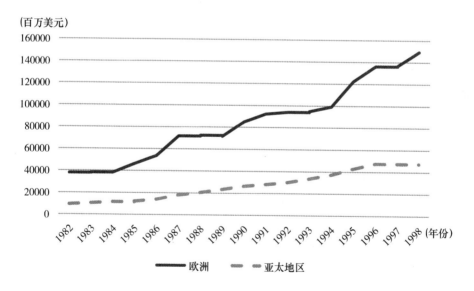

**图 3-11 1982—1998 年美国制造业对外直接投资额**

资料来源：美国商务部经济研究局。

布雷顿森林体系解体以来美国经济结构的深刻变化，是影响当今

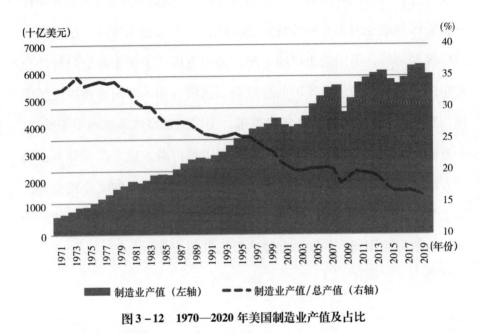

图 3 - 12　1970—2020 年美国制造业产值及占比

资料来源：美国商务部经济研究局。

美国经济的深层次原因，并对以美元为主导的国际货币体系产生了重大影响。自布雷顿森林体系解体以来，美国制造业产值占美国总产值的比重逐步下降（详见图 3 - 12）。2008 年国际金融危机的爆发，一定程度上是美国等发达国家过度依赖金融创新和金融市场过度扩张的结果。美国的房地产泡沫破灭后，资金进一步流向虚拟经济并远离传统制造业，产业空心化效应进一步加剧。基于回归实体经济和重振本国制造业的考虑，美国政府在 2008 年国际金融危机后实施了"再工业化"战略，先后出台了一系列有利于制造业发展的产业政策，意在提升美国本土制造业的竞争力，拉动国内制造业增长和促进海外制造业回流。然而，美国再工业化的整体效果并不显著。美国的制造业增

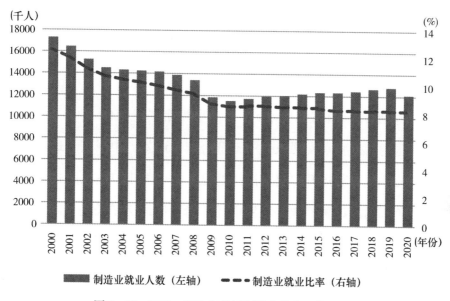

图3-13　2000—2020年美国制造业就业人数及占比

资料来源：美国商务部经济研究局。

加值占比仅在2010年出现了短暂回升。在随后的十年间，该比值仍然呈现下降趋势。在创造就业岗位方面，虽然美国的制造业就业人数在2010年以后实现了小幅增长，但全职和兼职的制造业就业人口的占比并没有显著上升，一直维持在8%左右（详见图3-13）。由此可见，美国的产业空心化问题依旧严峻。

### 3. 2010年至今：中国经济崛起和国际货币体系重构

经过了21世纪的第一个十年后，中国的出口贸易额占世界市场的份额第一次超越了美国，成为世界第一出口大国。中国在世界经济体系中越来越重要的地位引起了以美国为代表的发达国家的关注。自中国改革开放以来，伴随着产业结构升级和在全球产业链中的深度参与，中国的出口贸易额占世界市场的份额长期保持增长的趋势，且增长势头迅猛。2001 年中国加入世界贸易组织后，中国的出口贸易额占世界市场份额的增长速度进一步加快。直到 2015 年，中国出口贸易额占世界市场份额达到顶峰，约占世界市场份额的 11%。由此可见，中国的出口贸易发展取得了不可否认的成就，中国在全球产业链上的重要性也不断提升。值得注意的是，在中国出口贸易高速发展的同时，美国的出口贸易额占世界市场的份额则经历了长期下降，2010 年前后中国出口贸易额占世界市场的份额开始赶上美国（详见图 3 – 14）。进入 21 世纪以来，美国的出口贸易额占世界市场的份额便快速下降，并在 2008 年以后稳定在 9%—10%，与中国的出口贸易额占世界市场的份额的差距加速缩小。中国与美国的出口贸易额在世界市场上份额的变化一定程度上体现了中国与美国逐渐向竞争转变的趋势，综合考虑国内的产业空心化和出口贸易形势，美国在 2008 年国际金融危机后加大了对国内中高端工业发展的扶持力度。相应地，美国的出口贸易额占世界市场的份额在 2010 年后不再表现为下滑趋势，而表现为增长态势，这可能意味着美国对制造业进行扶持的产业政策的作用已经显现，并且成功传导到了美国的出口贸易领域。近年来，中国也在加强对中高端工业的扶持力度，以推动中国工业产业的转型升级。在对中高端工业的扶持和战略上看，中国与美国逐渐走向竞争状态，这也使得美国在经济领域加强对中国的遏制力度，在国际贸易领域则直接表现为对中美双边高额贸易逆差的不满。

**图 3 – 14　1970—2018 年中国、美国出口贸易额占世界市场的份额**

资料来源：笔者根据世界银行数据计算得到。

美国的产业空心化无疑是美国巨额贸易逆差的重要原因之一，但中美之间巨额的贸易差额除了是美国产业空心化的结果，同时也是全球分工体系变迁的表现。两者进一步撼动了以美元为主导的当今国际货币体系。美国的国际贸易逆差由来已久，根据世界银行的数据显示，美国自 1976 年以来就一直维持着贸易逆差国的地位。然而，美国与中国的双边贸易逆差却是从 20 世纪 80 年代才开始显现。直到 20世纪 90 年代，美国与中国的双边贸易逆差占美国贸易差额的比重还不到 10%（详见图 3 – 15）。自 2001 年中国加入世界贸易组织后，美国与中国的双边贸易逆差逐渐上升，这一占比在国际金融危机爆发后的 2009 年达到峰值，出现这一峰值的主要原因是国际金融危机严重冲击了世界上主要的发达经济体，但中国在这一过程中所受的冲击相对较小。虽然自 2010 年以来，中美贸易失衡现象伴随着全球经济的复苏以及产业链的恢复有所回落，但仍保持在 40% 左右的较高水平。巨大的贸易逆差是中美双边贸易失衡的必然表现，但这一现象引起了美国的警觉。2016 年特朗普政府执政后，频频以中美贸易逆差为由向中国发难，并通过单边挑起经贸摩擦等方式企图降低中美之间巨大的贸易逆差。因此，2017 年以来中美贸易逆差在美国贸易逆差中的占比连续下降。然而，中美双边贸易逆差仅仅是中美双边贸易失衡和全球经济失衡背景下的地区表现，是当前中国和美国在世界分工格局上位置差异导致的必然结果，由中国和美国在全球产业链上的不同地位决定。虽然中美之间的贸易争端和贸易谈判一定程度上降低了中美贸易逆差在美国贸易逆差中的比重，但中美贸易逆差仍然是美国贸易逆差中十分重要的组成部分。

中美双边贸易失衡是中国加入世界分工格局的必然结果。随着中国经济的增长和工业体系的进步，中国在全球产业链上的升级是中国经济发展的必然趋势，但这一不可避免的现象也导致中国与美国在国际贸易领域走向更加激烈的竞争。自 2001 年中国加入世界贸易组织后，中国的主要贸易产品占世界市场的份额不断提升，但在世界市场上占据份额最高的是纺织品及原料、鞋靴和家具等劳动密集型产品，2015 年该类产品占世界市场的份额一度接近 40%（详见图 3 - 16）。

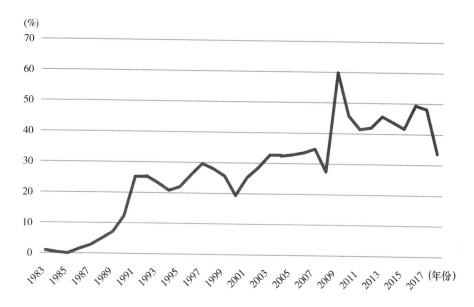

**图3－15 1983—2018年美国与中国双边贸易差额占美国贸易差额的比重**

资料来源：笔者根据国际货币基金组织数据计算得到。

然而伴随着中国工业经济的转型升级和全球价值链的进一步变迁，中国的纺织品及原料、鞋靴和家具等轻工产品和以矿产品为代表的原料出口占世界市场的份额在2015年以后开始下降。与此相对应的是，中国的电子产品、机械产品、贱金属及制品和运输设备的出口占世界市场的份额保持着稳定增长的态势。2019年，中国出口的电子产品占世界市场的份额已接近30%，这既说明中国在全球产业链上地位的提升，也体现了中国深入国际分工后全球价值链的进一步变迁。中国出口的升级同时表现在中国出口结构的变化上（详见图3－17）。2001年，纺织品及原料等轻工产品是中国出口贸易中占比最高的货物，约占出口总量的21%。但这一比重随着中国国际贸易的发展不断下降。2019 年，中国的纺织品出口占比已下降至 14.8%。与此同时，中国电子产品的出口占比已经超过 25%，成为中国最主要的出口产品种类。

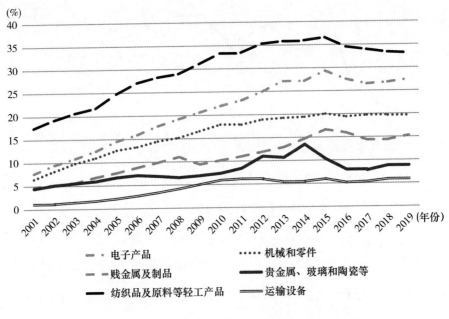

**图 3-16　2001—2019 年中国出口产品占世界市场份额**

资料来源：The Atlas of Economic Complexity。

2016 年特朗普就任美国总统后，为应对美国在国际领域地位的相对变化，出台了一系列充满"美国优先"色彩的政策，在贸易政策领域主要表现为逆全球化、反对自由贸易和反对传统比较优势理论，这一转向最终演变为了中美之间持久的经贸摩擦。特朗普政府认为自由贸易以及在全球产业链基础上日益加深的全球专业化贸易分工已经不符合美国利益，同时提出需要进行"公平和可持续的贸易"。2018

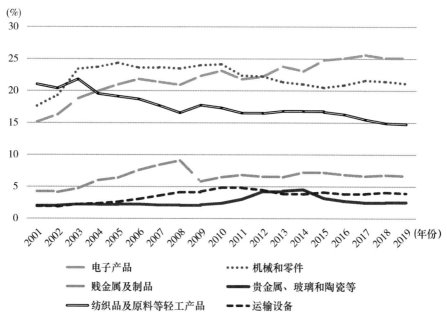

图 3 – 17　2001—2019 年中国出口产品占中国出口总额的比重

资料来源：The Atlas of Economic Complexity。

年以来，美国采取单边主义措施，挑起经贸摩擦。2018 年 3 月，美国
公布 301 调查报告。2018 年 7 月，美国不顾多方反对，对中国价值
340 亿美元商品加征 25％ 的关税。2018 年 8 月，美国对另外 160 亿美
元中国输美产品加征关税。2018 年以来，美国对中国商品加征关税
规模不断扩大、税率不断提高。在目前的中美经贸摩擦中，美国对中
国的战略意图已经不仅仅在于在贸易领域消除对中国的贸易逆差，其
更深层次的战略含义在于通过挑起经贸摩擦的方式遏制中国经济增长
的动力机制，减缓中国工业经济转型升级进程，打压中国在世界经济
体系中的地位，进而最终达到对中国经济崛起的态势进行遏制的目

的。在全球新一轮科技竞争的大趋势中，中国在包括人工智能、通信技术以及移动互联网等在内的高端制造业领域表现出较高的竞争潜力，并在某些战略新兴产业领域已经表现出了领先的态势。因此，美国通过与贸易相关的手段有针对性地对中国的战略新兴产业与高科技产业进行打压，实质上是美国在国际贸易领域对中国经济崛起进行遏制的表现。

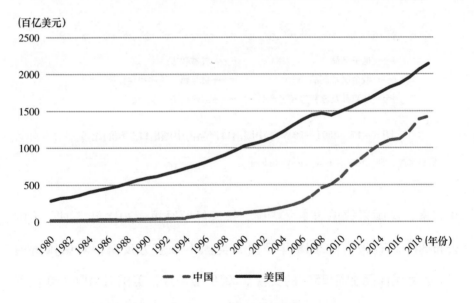

**图 3 – 18　1980—2019 年中国与美国的名义 GDP 总额**

资料来源：World Bank。

2010 年中国成为世界第二大经济体后，在世界经济中的地位越发凸显，中美经济总量的差异也日益减小，中国日渐被美国看作强劲的竞争对手。进入 2010 年之后中国的 GDP 持续增长，中国 GDP 与美国 GDP 之间的差距正在显著缩小。而在 2009 年中国人民银行开始积极推进人民币国际化，从最开始的跨境贸易人民币结算到大力发展人民币离岸市场。包括中国在内的多个国家开始反思当今世界以美元为主导的国际货币体系的重构问题。一般而言，一国的货币使用是与其经济规模、产业实力等密切相关的。伴随着美国经济实力的相对下降，美元在国际贸易体系的权重和作用也受到影响，越来越多的国家要求结算货币多元化，以美元为主要结算和计价货币的国际货币体系的缺陷也越发显著。

### 4. 全球分工体系展望

根据上述分析，我们发现，贸易失衡与宏观经济状况和全球产业分工的变迁息息相关。在以美元为中心的国际货币体系下，美国国内的过量需求表现为其持续扩大的贸易逆差，与此同时，美元则成为贸易盈余国家的外汇储备。由此可见，在美元主导的国际货币体系和全球分工体系的背景下，以中美双边贸易失衡为代表的全球贸易失衡虽然有可能因美国的关税和非关税政策有所减弱，但如果这一系统没有改变，美国的贸易逆差依旧是必然结果。在此基础上，受全球新冠肺炎疫情的影响，世界经济复苏进程充满了不确定性。虽然短期内全球分工体系难以调整，但展望中长期，中国在全球分工体系上的地位将进一步提升。与此同时，全球分工体系可能出现向内部转移的趋势。现有的全球分工体系中的利益格局已经无法持续，展望未来，中国需要参与和构建更规范和强有力的国际经济协议，进而深度参与全球分工体系的结构调整。

首先，中国沿着生产价值链攀升、寻求生产具有更高增加值的产品是中国经济转型升级的必然结果，但这一发展进程也不可避免地增加了与相关经济体之间产生利益冲突的可能性。参与全球贸易的国家既能共同获利，又会在面临竞争时产生内在冲突。一方面，中国技术的进步和科技发展提高了中国的劳动生产率，增加了中国企业在全球价值链中高端领域的竞争力；另一方面，伴随着中国人口结构的调整，劳动力逐渐完成从农业部门向工业部门的转移，可以预见的结果是，中国在劳动密集型产业和全球价值链中附加值较低的产业部门的比较优势也会相对下降。综合上述因素，中国为了保持国际竞争力，发挥比较优势，中国未来也不得不进入需要创新的领域和全球价值链的上游，为世界制造出具有更高科技含量的技术密集型产品。2001年，中国的主要出口产品是纺织品及原料等轻工产品。但截至2019年，中国的主要出口产品已经转变为电子产品。在原有的全球分工体系下，以美国为代表的发达经济体占据全球价值链微笑曲线的两端，而中国则发展以组装为主的低价值产业，两者几乎完全属于互补关系，进而能够在全球经济的发展中共同获利。由于近年来以中国为代表的发展中国家在全球价值链中地位上升，发达经济体与发展中国家之间不再是完全的分工互补关系，在一些具有战略性地位的产业中已经转变为了竞争关系。这一全球分工体系的转变趋势促使美国将中国视为战略竞争对手，并针对中国采取了一系列的关税和非关税的限制政策。传统意义上的自由贸易已经不再符合美国的战略需要。

其次，全球分工体系可能出现向内部转移的趋势。在一些发达经济体中，全球分工体系向内部转移的趋势已经显现。一方面，产业链向内部转移是发达经济体面对国内经济增速下滑、社会不平等问题加剧和产业空心化问题的政治选择；另一方面，地缘政治因素的不确定性和全球分工体系在应对全球新冠肺炎疫情时的缺陷也使全球分工体系向内部转移成为一个具有战略意义的选择。以美国为例，自布雷顿森林体系解体以来，伴随着美国的消费升级和资本收益率的下降，美国的产业空心化不断加剧，产业结构逐渐向高附加值的制造业和服务业转型。对于在这一进程中被替代的夕阳产业而言，制造业结构的转型升级和全球分工体系的深化严重威胁了相关产业中的就业和投资。然而，以信息技术产业为代表的高附加值产业不仅在这一进程中得到了快速发展，还顺利地在全球产业分工中占据了优势地位，相关产业的工资水平和利润收入增长与夕阳产业中的差距越发明显。日益加剧的社会不平等引发了不同利益群体之间的冲突，并最终演变为了政治压力。鉴于有利于缓解相关现象的社会福利制度改革、劳动者再培训项目和税收政策改革容易在国内遭受巨大的政治阻力，以美国为代表的发达经济体选择通过关税和非关税的贸易保护措施支持一些有利于其获得选民支持的、在保障国内就业上具有重要意义的产业。因为它们的衰落大多与全球分工体系的深化和产业的转型升级相关，所以通过关税和补贴等方式保护产业的行为既不利于其资源有效配置的实现，也阻碍了经济的转型升级。在 2008 年国际金融危机的影响下，以美国为代表的发达经济体经济增长速度放缓，国内就业的分化与工资的缓慢增长更是进一步加深了其实施贸易保护主义的动机，在全球分工体系内则表现为以特朗普的"美国优先"政策和以英国脱欧为代表的逆全球化浪潮。除此以外，虽然全球分工体系有利于在生产上实现专业化，进而提高生产效率和全球产出，但是全球新冠肺炎疫情的流行暴露了全球分工体系在应对地缘政治因素变化和应对危机时的韧性不足。受新冠肺炎疫苗和新冠病毒变种的不确定性的影响，世界各经济体都发生了难以预料的边境关闭、期限不一的停工停产，这导致了全球分工体系中的供给和需求难以及时调整，原材料短缺与消费品短缺的现象反而因全球分工体系的专业化而更为凸显。虽然将原有的全球分工体系向内部转移进行本土化显然是不经济的，但出于地缘政治因素和应对全球产业链扰动的考虑，原有的全球分工体系已经无法持续。包括中国和美国在内的经济体已经提出要加强国内产业链的韧性，保证国内生产的多样性和内部生产能力。因此，虽然短期内全球分工体系的调整较为困难，但在中长期内全球分工体系有可能出现向内部转移的趋势。

发达经济体与发展中国家本应通过削减关税和非关税贸易壁垒的方式进一步推动国际贸易的发展，在全球分工体系内享受专业化生产和国际贸易带来的经济增长和生产率的提高，进而一同走出全球负面冲击的影响。然而根据上述分析，我们发现可以预见的是，伴随着新冠肺炎疫情的负面冲击和发达经济体内部的社会分化，贸易保护主义有可能在未来一段时期内成为笼罩在世界经济发展上的乌云，但信息技术所推进的更高效的供应链调整和发达经济体内部可能的社会变革或能减轻这一现象的影响。中国经济结构的转型升级则是中国经济增长的必然结果，也是中国经济发展的必然趋势，在这一进程中将有较大的可能与发达经济体之间出现利益冲突。中国通过国际贸易所持有的以美元为主的外汇储备也完全暴露在了所持有债券国家的宏观影响之中。面对如此的世界经济环境，中国不仅需要采用更合理有效的制度改革提升开放水平，还需要更积极地参与和构建规范的国际经济治理体系，进一步推动人民币国际化进程，进而实现中国与世界各经济体在新型全球分工体系中的互利共赢。

（三）美元的主导地位——国际贸易的视角

布雷顿森林体系解体后，1976 年 1 月，各国于牙买加签署《牙买加协议》，同年 4 月，IMF 通过了第二次修正案，标志着牙买加体系正式形成。牙买加协议正式确认了浮动汇率制的合法化，承认固定汇率制与浮动汇率制并存的局面，成员国可自由选择汇率制度。在浮动汇率制或可调整的钉住汇率制下，汇率是调节国际收支的一个重要工具，其原理是：经常项目赤字使得本币趋于下跌，本币下跌导致外贸竞争力增加、出口增加、进口减少、经济项目赤字减少或消失。相反，在经常项目顺差时，本币币值上升会削弱进出口商品的竞争力，从而减少经常项目的顺差。按照这个简单的逻辑，各国都可以根据本国的贸易情况采取相应的汇率政策，调节本国的贸易失衡。然而，布雷顿森林体系解体后的 50 年，全球失衡现象不仅没有得到缓解，反而日益严重，相对浮动的汇率制度并没有起到调节贸易失衡的效果，这与以美元为主的国际货币体系有关，尤其是与美元在国际贸易计价和结算货币的主导地位有关，同时这也是包括中国在内的诸多国家提出改变美元主导的国际贸易支付货币体系的原因之一。本节我们将讨论国际贸易失衡持续存在背后深层次的美元主导的国际货币体系方面的原因。我们发现，当今全球由美元主导的国际货币体系，核心表现为美元在国际贸易的计价和结算货币中占相当大的比例，美国以外的国家之间使用美元进行贸易是常态。即使一国采取浮动汇率制，该国汇率变动对贸易失衡的调节作用仍有限，因此布雷顿森林体系解体后的美元主导的国际货币体系深度影响全球贸易失衡。

### 1. 美元主导的国际货币体系

目前，国际贸易的计价和结算货币主要有美元、欧元、英镑、日元、人民币、加元、港币、澳元八种货币。2019 年 1 月，根据国际基金货币组织数据，国际贸易结算货币占比分别是美元 40%，欧元 34%，英镑 7%，日元 3.3%，人民币 2.2%，加元 1.7%，港币 1.5%，澳元 1.4%（详见图 3 – 19）。

国际货币基金组织最近的一份研究报告，收集了 100 多个市场的国际贸易计价货币数据，显示美元和欧元在这方面占据主导地位。研究人员估计，尽管美国仅占全球贸易的 10%，但美元占全球贸易计价货币金额的 40%。这表明美元作为第三方之间的"媒介货币"发挥

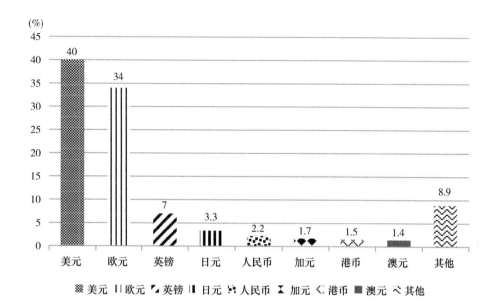

图 3 - 19　2019 年国际贸易结算货币占比

资料来源：IMF。

了巨大作用。以土耳其为例，土耳其以本币结算的进口占比很小，仅为 3%。尽管从美国的进口占土耳其总进口的 6%，但土耳其 60% 的进口商品都是以美元计价的。同样，日本 71% 的进口商品以美元计价，而美国在其进口商品中的贸易份额平均只有 13%。与日本和土耳其不同，93% 的美国进口商品都是以美元计价的。欧元在贸易计价货币中的所占份额为 46%，略高于美元。鉴于欧元区约占全球贸易的 37%，这一份额更符合标准的贸易模型，不过这两个数字都可能因为包含了欧元区内部贸易而偏高。无论是哪种情况，结果都表明，欧元的"媒介货币"作用比美元要小一些。有证据表明，美元和欧元在贸易计价货币中的份额都随着时间的推移而有所增加，尽管美国和欧元区在全球贸易中的份额相对有所下降。图 3 - 20 和图 3 - 21 是 Gopi-nath 所提供的主要国家进口（出口）数额占比和主要货币在进口（出口）中使用比例，从中可以明显看到，世界各国对美国的进口（出口）远远小于使用美元进行进口（出口）计价和结算的占比，这凸显了美元在全球贸易计价和结算货币中的主导地位（Gopinath，2015）。

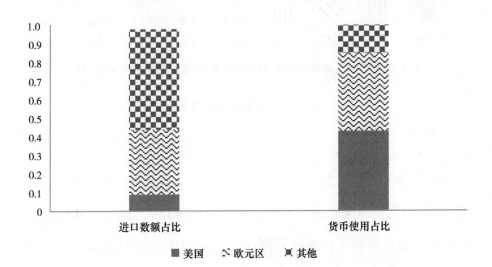

**图 3 - 20 主要国家进口数额占比和主要货币在进口中使用比例**

资料来源："The International Price System"，National Bureau of Economic Research，October 2015，https：//www. nber. org/papers/w21646。

另外，SWIFT 的数据显示，美元和欧元是迄今为止最受欢迎的国际支付货币，在排除欧元区内的支付后，2020 年 8 月分别占国际支付总量的 43% 和 37%。人民币目前占跨境支付的 1.3%，低于加元

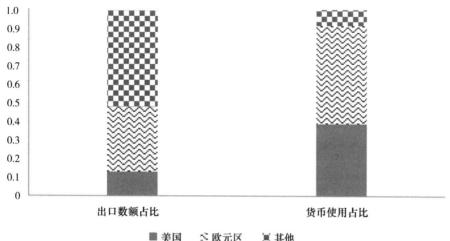

**图 3-21 主要国家出口数额占比和主要货币在出口中使用比例**

资料来源："The International Price System", National Bureau of Economic Research, October 2015, https://www.nber.org/papers/w21646。

（2.2%）和澳元（1.6%）。人民币的份额自 2015 年（峰值 2.5%）以来有所下降，但是近年来人民币计价和结算的比例逐渐趋稳。从在大宗商品的计价方面来看，目前主要的大宗商品计价和结算基本都是美元。主要的能源比如石油、天然气、铁矿石、煤炭等都主要是美元计价和结算。美元是石油和大宗商品合约的主要计价货币，这也解释了为何包括中东主要石油出口国在内的许多国家仍在使用美元作为汇率锚。相关的出口收入也导致这些国家和其他大宗商品生产国逐年积累了大量美元结余，从而增强了美元作为储备货币的作用。中国多年来一直在努力打破这一长期现状，最典型的例子就是 2018 年年初，上海国际能源交易中心（INE）推出了人民币计价的原油期货，国内外投资者均可参与。

由于大部分国家在国际贸易中都不使用本国货币作为结算货币，这意味着他们无法通过灵活的汇率政策调节本国的贸易失衡。因为他们的汇率政策往往只能影响本国货币的汇率，但是他们国家的贸易大部分却都是用美元结算。Gopinath（2016）等相关研究发现当进口和出口都在短期内以美元定价且存在价格黏性时，本国汇率政策失去了它发挥作用的抓手，这也使得他们面对不断扩大的贸易逆差时显得力不从心。但是，从另外一个角度来看，美国凭借计价单位的优势，可以利用汇率政策来改善本国贸易失衡的情况。事实上，美国也曾试图通过使美元贬值来缩减本国的贸易逆差（"广岛协议"），但是由于美国的贸易逆差更多地深植于美国产业结构空心化，所以汇率的变动也只是亡羊补牢。

### 2. 人民币跨境贸易结算现状

当前，中国与美国的关系日趋复杂，摆脱美元在国际支付领域的统治地位日益迫切，这对人民币国际化提出了更高的要求。在跨境贸易结算中使用人民币支付结算，是人民币跨境业务发展的重要形式，是人民币国际化的重要基石。2009 年 7 月 1 日，《跨境贸易人民币结算试点管理办法》公布，人民币跨境货物贸易结算正式展开，囿于中国的自身条件，起步是小规模，属于探索性的安排，这个结算只适用于东盟 10 国和中国的港澳地区，而且只有上海、广州、深圳、珠海、东莞 5 个城市的 365 家企业的货物贸易有这个资格。到 2010 年，可以使用人民币跨境结算的已经不止 5 个城市，扩展到了 20 个省市，2011 年，中国所有的企业在跨境贸易项下都可使用人民币计价结算。另外，这个计价结算不再仅适用于货物贸易，而且扩展到了服务贸易，比如出国旅游等。并且，人民币跨境结算不仅仅适用于经常项目下的货币贸易、服务贸易，还有资本项目下的直接投资和间接投资，比如沪港股票市场交易互联互通机制试点（简称"沪港通"）就是用人民币来进行的证券投资交易。跨境人民币结算业务，从 2009 年开始后增速就非常快，服务贸易也是在快速增长。2012 年起，中国人民银行组织建设人民币跨境支付系统（CIPS），以满足人民币跨境业务发展的需要。近年来，中国进出口规模不断增加，人民币国际支付占比和排名保持稳定。

2020 年 2 月，在基于金额统计的全球支付货币排名中，人民币保持了全球第五大最活跃货币的位置，占比 2.2%；除欧元区内的支付外，人民币在跨境支付中的份额为 1.53%，排名第六。其中，在中国内地以外，人民币主要以离岸人民币（CNH）的形式流通，中国香港地区约占全部离岸人民币国际支付份额的 75%，且份额已基本稳定。根据中国人民银行的统计，2020 年跨境贸易人民币业务结算金额为 6.8 万亿元，约占全年跨境人民币收付总额的 23.94%。SWIFT 统计显示，2021 年 2 月，人民币在全球跨境贸易金额中排名第四，占比 1.30%，其中美元占 87.06%。总体而言，人民币国际支付占比已稳定在国际前列，占比份额逐步提升，跨境贸易结算业务中的份额和权重与之相当。美元在国际货币体系中的绝对主导地位使得布雷顿森林体系解体后，各国无法通过汇率手段调节贸易余额，全球贸易失衡逐步扩大，贸易摩擦逐年加剧。毫无疑问，人民币走向全球舞台将成为改善国际贸易失衡的重要出发点，随着人民币国际化进程逐步加快，全球贸易失衡这一历史性问题有望迎来新的转机。

### （四）对中国的政策建议

面对国际贸易格局的改变，中国应致力于提升产业链供应链的安全性和竞争力，为实现"双循环"夯实基础；同时扩大人民币在跨境贸易和投资中的使用，并以新兴产业、贸易创新、市场为抓手，在"双循环"新发展格局中助推人民币国际化，为其提供有力支撑。

### 1. 提升产业链供应链的安全性和竞争力

全球贸易保护主义抬头，需大力提升中国产业链供应链的安全性和竞争力，为构建新发展格局、实现国内大循环打下夯实基础。

首先，加大科技创新，提升本国在产业链供应链中的不可替代性。中国整体位于产业链下游，受上游原材料及关键设备、零部件进口制约。在逆全球化思潮下，中国在高端技术领域，特别是半导体、软件等领域，具有较弱的不可替代性，面临纵向"卡脖子"风险，在具有优势地位的低技术制造领域面临"去中心化"的横向风险。因此，中国一方面需要提高研发强度，加速科技创新，以科研院所和领军企业为主导，联合产学研用及产业链上下游企业，加快攻克基础材料、基础零部件、关键装备、工业软件等领域的"卡脖子"技术；另一方面，要推动全链条协同创新和整体升级，通过加强全产业链创新能力建设，提升中国产业链供应链自主可控能力。

其次，固优势强弱项，提升中国产业链供应链的现代化水平。一方面要巩固优势，中国在高铁、电力装备、新能源、通信设备、深海探测、航天航空等领域已经走在了世界前列，需继续加大研发投入，厚植产业集群发展根基，做优做强产业链和产业集群，并充分利用数字经济竞争优势，进一步拉大与其他国家之间的技术差距，巩固领先地位。另一方面，要补齐短板，对中国短板弱项突出的重点产业链供应链，积极推动补链强链，特别是在断供风险较大的领域构建必要的备份系统和多元化供给方案，增强产业链供应链弹性韧性；并且要加强规划引导，提升协作配套能力，实现产业链上下游企业的纵向合作和相关产业链企业之间的横向互动，提升供应链协调能力和响应速度。

最后，对标产业链供应链配套人才链，强化高质量发展人才支撑。人才是解决核心技术"卡脖子"难题、提升产业链供应链安全性和不可替代性的关键。一方面，对标产业发展需求，定向培育人才，通过"强基计划"等多种方式，大力培养国内高端人才。另一方面，研究制定产业链供应链高端人才的招引政策，靶向寻访高精尖缺人才，在医疗条件、薪酬待遇、子女入学等方面提供系列优惠，并不断优化就业创业环境，以吸引加大海内外领军人才和创新团队回国创新创业创造。

### 2. 扩大人民币在跨境贸易和投资中的使用

国际贸易格局的改变为人民币计价结算积聚了巨大的正能量，应大力推进人民币在跨境贸易计价结算中的使用，助力人民币国际化更上一层楼。

首先，丰富跨境人民币金融产品，提高服务的针对性和适配性。一方面，要不断丰富离岸人民币债券的发行主体，鼓励境内金融机构、企业等主体在离岸市场发行人民币债券，丰富离岸市场人民币投资产品和流动性管理工具，为境外投资者提供更多的投资选择。另一方面，可以创新与人民币债券指数挂钩的产品，丰富离岸人民币衍生产品，以进一步满足境外投资者资产配置、外汇对冲、风险管理等需求，不断提高离岸人民币市场的广度和深度。

其次，借助国内强大需求优势，增强人民币作为国际货币计价的职能。以原油、天然气等大宗商品为突破点，增强人民币作为国际计价货币的功能可从根本上缓释跨境贸易投资的汇率波动风险。目前，中国是全球最大原油、天然气进口国，未来可以充分利用这一市场优势，增强人民币在煤炭、钾盐、铁矿石、原油、农产品、天然气等大宗商品贸易重点计价和结算比例，促进人民币在大宗商品领域的应用范围，提升中国在大宗商品国际贸易中的话语权。这不仅可以减少市场定价扭曲和价格大幅波动，而且会增加国际贸易中的交易主体对人民币的需求，增强人民币与国际贸易、金融、货币体系之间的联动关系，促进人民币国际化往更高层次发展。

最后，完善跨境金融基础设施，简化跨境人民币结算流程。加强人民币跨境交付系统（CIPS）的功能建设、完善、运用和推广，使中国摆脱对国际美元结算系统的依赖，为人民币跨境结算提供一个安全、便捷的支付渠道。截止到2020年，CIPS的业务范围已经覆盖60多个国家和地区。未来，应继续优化CIPS的结算模式，持续丰富系统功能和产品类别，进一步拓展CIPS在全球范围内应用的广度和深度，并不断提高其风险识别和防控能力，为提高结算效率、维护金融安全、促进人民币国际化等提供扎实有效的支持。

**3. 发展新兴产业，优化贸易结构，稳固对外输出人民币主要渠道**

以新兴产业、贸易创新、市场为抓手，把握后疫情时代贸易格局调整的机遇，立足"双循环"新发展格局，为人民币国际化提供有力支撑。

首先，推动新兴产业发展，优化产业链布局，保持国际竞争力。一方面，通过实行减税、贷款优惠政策、人才引进计划等，促进高新技术产业集群发展，加快做大做强新兴产业。同时要为新兴产业创新发展营造良好环境，针对新兴产业发展中存在的一些突出问题，鼓励引导企业兼并重组，整合创新资源，实现规模化发展，提升竞争力。另一方面，优化产业布局，推进产业基础高级化。根据新发展理念调整产业布局，鼓励东部沿海地区的劳动密集型产业和加工组装产能向中西部转移，并且，中西部应积极为承接产业转移营造良好的"软环境"和"硬环境"；同时，充分利用东部沿海地区的人力和科技优势，大力发展技术密集型产业集群，整体上提升中国产业链发展水平。

其次，在继续筑牢货物贸易优势的同时，补齐服务贸易"短板"，优化贸易结构。一方面，借助物流、金融、航运等领域的进一步开放，为制造业注入新的活力，进一步增强中国在全球货物贸易中的影响力，稳定中国在货物贸易的优势。另一方面，将服务贸易作为贸易创新的关键，打造差异化的服务贸易创新平台，大力挖掘服务贸易新的增长点，提升服务贸易对经济增长和就业的拉动作用；对标国际服务贸易新规则，减少服务贸易限制，推动中国的服务贸易更深层次融入世界经济，推进规则、规制、管理、标准等更大程度与国际接轨；广泛运用大数据、云计算、物联网、区块链、人工智能等技术，提升传统服务贸易的数字化、信息化水平，促进新兴服务贸易领域发展。

最后，以东盟和共建"一带一路"合作国家为重点，进一步稳固人民币对外输出的主要渠道。2015 年以来，中国出现对外直接投资规模大于外商对华投资规模的逆差态势，而共建"一带一路"合作国家是这一逆差形成的主要地区。并且 2020 年，中国在东盟、中亚、中东、非洲等地区实现人民币使用的较大提升，形成一定程度的人民币路径依赖。因此，在对共建"一带一路"合作国家的相关投资中提高人民币计价与结算的比例，鼓励优先使用人民币，通过稳定市场份额、简化支付流程、规避汇率风险等市场手段来激励企业更多地使用人民币计价结算，为人民币对外输出提供稳定的渠道。

# 第四章

# 布雷顿森林体系解体之后的
# 国际投资不平衡问题演变

布雷顿森林体系在 20 世纪 70 年代初解体以来，国际投资活动大幅增加，同时国际投资不平衡问题也日益凸显。本章关注这种不平衡现象的演变及其引起的收益分配问题。

## （一）国际投资对于调整外部不平衡的作用日益突出

自布雷顿森林体系 20 世纪 70 年代初解体至今已历经半个世纪。在这一时期，国际资本市场的一个重要特征就是跨国资本流动规模不断增大，国际资本流动的增速大大超过了国际贸易增速，使得各国所累积的国外资产和负债占 GDP 的比重大幅上升，国外资产和负债日益成为各国对外部不平衡进行调整的重要渠道。

传统上认为，一国持有的对外净资产（或净负债）只是贸易盈余或赤字被动累积的产物，反映了各国之间进行消费跨期平滑的需求。

（Obstfeld and Rogoff，1995）根据这一理论，一国要解决外部不平衡问题，最终方式只能是通过贸易渠道的调整。

近年来随着全球金融一体化的发展，各国国外资产和负债的规模迅速扩大，不少国家的国际收支逐渐偏离传统理论的预测。比如美国利用其国外资产所获得的净收益就成为美国国际收支的重要组成部分，并成为美国调整贸易赤字的重要途径。因此，一些学者指出，传统的经常账户跨期优化忽略了国外资产和负债对国际收支的以下两个影响：其一，收益率差异，一个国家的国外资产和国外负债的收益率可能存在较大差异，从而影响净国外投资收益；其二，汇率或资产价格变动可能带来额外的资本利得（capital gain），即估值效应（valuation effect）。（Gourinchas and Rey，2007；Lane and Shambaugh，2010）事实上，传统理论无法反映上述效应是其对于国际货币体系和国际投资的对称性假设所带来的。在后布雷顿森林体系下，国际投资领域存在严重的不平衡问题，这种不平衡问题实际上是当前国际货币体系的权责不对称所导致的。

在金融调整渠道的影响方面，中国和美国形成了鲜明的反差，也是最经常被用来进行对比的对象。中美两国的反差体现在投资收益和净国外资产两个方面。在国外资产的投资收益率方面，美国虽然是整体对外净负债（国外资产远低于国外负债），但其对外投资收益却是显著的盈余状态（即国外资产收益远大于国外负债成本），即所谓的"负资产净收益"状态；而中国的情况却与美国恰好相反，处于"净资产负收益"状态，即在拥有规模庞大的净国外资产的同时，对外投资收益却长期处于赤字状态。同时，随着人民币对美元的长期升值，因为中国的对外负债主要以人民币计价，而对外资产主要以美元计价，这就使得中国对外负债的美元价值上升，从而降低了中国的对外净资产。

首先关注国际投资不平衡现象对美国的影响。很多研究发现，随着国外资产和负债相对规模的上升，金融渠道的调整极大改善了美国的国际收支和国际投资头寸。第一个调整渠道就是对外投资收益率的不平衡，研究显示美国的对外投资收益率要显著高于其对外负债收益率。关于对外资产收益不平衡性的成因，Curcuru 等人（2013）将其分解为三个部分：结构效应（composition effect）、回报效应（return effect）和时机效应（timing effect）。其一，结构效应即各国资产负债的结构差异。对此，学界取得了较统一的认识，如果一国的对外资产构成中高收益的股权投资占比高，对外债务构成中低收益的国债投资占比高，则其整体收益率必然更高。其二，回报效应即收益率差异，即某些国家可能在同类别资产中相对其他国家获得了更高的回报。其三，时机效应即交易时机的选择，即某些国家的投资者更能把握投资机会，在股票即将下跌（上涨）时充当净卖家（买家）。第二个调整渠道是估值效应对美国净国外资产的影响。如 Lane 和 Milesi-Ferretti（2001）发现美元贬值会促进其外部财富升值，即估值效应明显改善了美国的外部财富，缓解了其债务危机。Gourinchas 和 Rey（2007）利用1952—2004 年美国季度数据的分析也发现，对于外部调整，估值效应渠道在短期和中期起作用，而贸易渠道在长期内起作用。Obstfeld

（2012）也指出，美国在 2002 年后的很长一段时间内，估值效应使得存在大量贸易赤字但对外净资产并未恶化。Gourinchas 和 Rey（2014）利用包含 2008 年国际金融危机时期的数据对美国进行了重新测算，发现估值效应对美国外部财富的影响程度正在加深，并且已超过国际贸易的影响程度。

国际投资不平衡现象对中国国际收支也有着重要影响。在美国明显受惠于金融调整的同时，很多研究显示金融调整对中国的国际收支和净国外资产不利。范志勇和沈俊杰（2009）计算了 1981—2006 年估值效应对中国国外净资产的影响，发现 1981—2005 年间外部失衡调整主要通过贸易途径，2006 年后估值效应逐渐凸显。廖泽芳和雷达（2012）从估值视角分析了全球经济失衡的金融利益分配格局，表明全球经济失衡期间，在美国的净国外资产变动存在规模很大的正向估值效应的同时，日本和中国的净国外资产则存在巨大的负向估值效应，这意味着与外部失衡相应的国际资本流动收益为美国提供了稳定的融资来源。肖立晟和陈思翀（2013）使用中国 1998—2011 年间基于市场价值的中国国际投资头寸表季度数据，量化估算了中国外部失衡调整中金融和贸易两种调整渠道的贡献度，结果表明，中国存在显著的估值效应损失。谢峰（2017）重估了 1982—2014 年中国对外资产负债表，发现官方数据低估了中国金融调整的损失。丁志杰等人（2017）测算了 2005—2016 年中国国际收支的金融调整规模，指出非利息经常账户顺差到对外净资产的转化率只有 44.82%，金融调整渠道的逆差吞噬了大部分非利息经常账户顺差。

综上，国际货币体系的非对称性导致了国际投资不平衡问题，随着全球金融一体化的发展，在布雷顿森林体系解体以来，国际投资不平衡问题变得日益重要。本章将尝试对以下问题进行解答：近半个世纪以来，国际投资不平衡现象如何演变，带来了什么影响？我们首先将对国外资产和国外负债规模与结构变化进行简单总结；接着分别从净资产分布和对外投资净收益的角度对国际投资中的不平衡现象进行分析，研究其成因和后果；其次对国际金融危机以来美国国际收支调整出现的新变化进行分析；最后总结该现象对国际货币体系改革的启示。

## （二）国际投资的演变和国际货币体系的变化

### 1. 国外资产和负债规模从 20 世纪 70 年代以来快速增长

20 世纪 70 年代以来，国外资产和国外负债的绝对规模和相对规模都不断上升。

从国外资产的绝对规模来看（详见表 4 - 1），在布雷顿森林体系解体之前的 1970 年，全世界主要经济体的对外资产总规模才不到 6000 亿美元；在布雷顿森林体系刚解体后的 1975 年，就迅速上升到 1.32 万亿美元，增长了超过一倍。此后，国外资产的规模以每年 20% 的复合增长率保持高速增长，从 1975 年到 2010 年增长了接近 100 倍，远高于同期全球贸易的增速。

表 4 - 1　　　　　　　　样本国家国外资产和国外负债规模演变　　（单位：万亿美元）

| 年份 | 国外资产 | 国外负债 |
|---|---|---|
| 1970 | 0.59 | 0.59 |
| 1975 | 1.32 | 1.36 |
| 1980 | 3.44 | 3.52 |
| 1985 | 5.70 | 5.99 |
| 1990 | 14.42 | 14.85 |
| 1995 | 22.60 | 23.40 |
| 2000 | 36.46 | 38.32 |
| 2005 | 74.11 | 75.32 |
| 2007 | 117.27 | 118.61 |
| 2008 | 112.70 | 114.16 |
| 2010 | 127.96 | 128.99 |
| 2015 | 144.83 | 147.48 |
| 2020 | 195.86 | 198.51 |

注：1970—2014 年的数据来源于 Lane and Milesi-Ferretti（2018），2015—2020 年原始数据来自 IMF BOPS 数据库，笔者根据 Lane and Milesi-Ferretti 的计算方法进行了调整。

　　把国外资产和负债的总额除以全球 GDP，可以得到其相对规模的演变趋势（详见图 4 - 1）。整体来看，国际资产的变化可以被大致划分成四个阶段：第一阶段为布雷顿森林体系完全解体前；第二阶段为布雷顿森林体系解体后的 1973 年到冷战结束的 1992 年；第三阶段为冷战结束后的 1992 年到国际金融危机前的 2008 年；第四阶段为 2008 年国际金融危机以来。下面我们分别对这四个阶段的主要特征进行总结。

　　第一阶段：1973 年以前，在布雷顿森林体系下，对外资产数量的增长速度和 GDP 增速基本保持同步，因此对外资产占 GDP 的比重并没有明显上升；

第二阶段：在 1973 年布雷顿森林体系完全解体到 1992 年，这一时期虽然仍处于美苏冷战阶段，但全球跨境投资活动已经开始逐步活跃，国外资产占 GDP 的比重呈现缓慢上升趋势，从 1973 年的 23.5% 上升到 1992 年的 63.1%。这一时期的对外投资主要表现为发达国家之间相互投资的增加，以及发达经济体对部分新兴经济体（如拉美国家和东亚国家）的投资增加。同期，20 世纪 80 年代在部分拉美国家（阿根廷、巴西、墨西哥、玻利维亚等）爆发了债务危机，1990 年代初也在欧洲局部（北欧国家）爆发了规模较小的金融危机。

第三阶段：从冷战结束的 1992 年到 2008 年国际金融危机前。这一阶段国际投资活动大规模增加，国外资产占 GDP 的比重从 1992 年的 63.1% 快速上升到 2007 年的 203.4%。这一时期表现为全球性的国际投资热潮，几乎所有主要经济体的国外资产和国外负债规模都出现了显著上涨。但也是在这一时期前后，爆发了第二次世界大战以来最严重的两次全球性金融危机，分别是 1997 年东亚金融危机和 2008 年国际金融危机。

第四阶段：2008 年国际金融危机以来。国际投资的相对规模大幅上升的时期结束，国外资产占 GDP 的比重虽然有一定程度的波动，但整体保持基本稳定，2008—2019 年，国外资产占 GDP 的比重在 200% 左右徘徊。在这一阶段，虽然没有出现大规模的国际性金融危机，但全球经济发展和金融市场稳定都面临着不断增加的风险。

综上，国际投资规模的变化主要受到重大政治经济事件的影响，布雷顿森林体系解体、冷战结束、国际金融危机这三个事件成为国外资产占 GDP 比重变化的重要转折点。

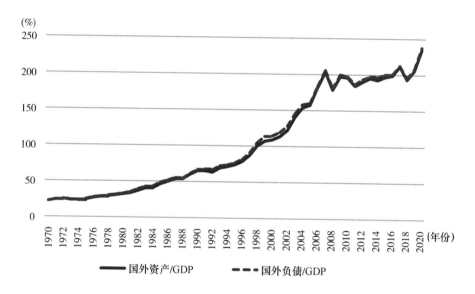

**图 4 - 1　各国国外资产和负债总额占世界 GDP 比重变化趋势**

注：1970—2014 年的数据来源于 Lane and Milesi-Ferretti（2018），2015—2020 年原始数据来自 IMF BOPS 数据库，笔者根据 Lane and Milesi-Ferretti 的计算方法进行了调整。

## 2. 对外投资的资产结构经历大幅转变

在对外投资总规模发生巨大转变的同时，各国对外资产和对外负债的资产类别结构也发生了改变，且这些变化呈现出很强的阶段性特征。

通过对 1970—2018 年各国国外资产的构成进行分析，可以发现，资产类别构成的变化趋势具有明显的阶段性，并受到一些重大金融事件的影响，我们下面重点分析一些重要的转折点（详见图4-2）。

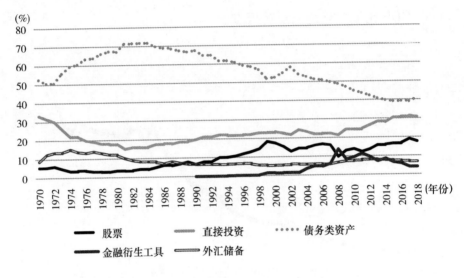

**图4-2 资产类别占比的变化趋势**

注：1970—2014 年的数据来源于 Lane and Milesi-Ferretti（2018），2015—2020 年原始数据来自 IMF BOPS 数据库，笔者根据 Lane and Milesi-Ferretti 的计算方法进行了调整。

第一个重要转折点是 1973 年。随着布雷顿森林体系的完全解体，从 1973 年到 20 世纪 80 年代初，债务类资产的整体比重迅速提高，而直接投资的比重则大幅下降，同时发生下降的还有外汇储备的相对规模。

第二个重要转折点是 20 世纪 80 年代初。这一时期，很多新兴经济体相继发生债务危机，这直接导致了债务类资产占比的变化趋势发生转折。与此同时，发达经济体在经济增长乏力的情况下也纷纷开启了金融自由化改革，股票市场和对外直接投资的重要性由此大幅提高，因此，股票和直接投资资产的占比开始不断提高。与此同时，外汇储备在总资产中的占比继续下滑。上述趋势一直持续到20世纪90年代中后期。

第三个重要转折点是1997—2002年前后。在这一时期，发生了一系列金融动荡：从1997年的亚洲金融危机到2001年的阿根廷金融危机，一系列新兴经济体爆发了严重的金融危机；从1995年的日本开始的银行业危机到2000年美国的网络泡沫破灭，主要发达经济体也面临着一系列金融动荡。其间，资产结构的变化趋势开始发生一定程度的逆转：股票资产占比出现了阶段性下跌，债务类资产占比出现了上升，外汇储备占比下降的局面结束，直接投资占比不再提高。但是在2001年以后，随着国际金融市场重新恢复平静，主要发达经济体重新开启了更为激进的金融自由化，2002—2007年，资产结构一定程度上又恢复了1997年以前的变化趋势，债务资产比重下降，股票市场比重上升。但相比前一个阶段这个时期出现了一些新现象，包括金融衍生产品比重的迅速提高、外汇储备资产占比的稳步上升和直接投资占比变化的停滞。

第四个重要转折点是2008年国际金融危机。2008年前后最大的变化就是金融衍生产品的比重从上升转为下降。而其他资产类别中，虽然因为估值效应，不同资产的比重在国际金融危机前后出现了一些波动，但危机过后各种资产类别的变化趋势一定程度上仍延续了20世纪90年代中期以来的趋势：股票资产和直接投资快速提高，外汇储备稳步提高，债务资产持续下降。

根据对资产类别结构变化的分析，我们可以得出以下几点启示：

首先，资产类别结构的变化主要受到重大金融事件的影响，1973 年布雷顿森林体系的完全解体，20 世纪 80 年代初新兴经济体的债务危机和发达经济体的金融自由化改革、20 世纪 90 年代末到 2000 年年初同时发生在新兴经济体和发达经济体的表现形式不同的金融动荡、2008 年国际金融危机等事件都成为资产类别结构发生转变的重要转折性事件。其次，从 20 世纪 90 年代中后期以来，主要资产类别占比的变化趋势相对稳定，包括直接投资和股票投资占比的持续上升和债务资产占比的持续下降。

### 3. 国外资产规模和结构的阶段性特征总结

国际投资的活跃程度和国际货币体系的演进有着重要联系。通过上面的分析可以发现，各国国外资产的相对规模变化主要受到重大政治经济事件的影响。自从布雷顿森林体系解体以来，虽然国外资产的相对规模整体呈现上升趋势，但是冷战结束和国际金融危机这两个重大事件是国外资产占 GDP 比重变化的重要转折点，上述事件也正好是国际货币体系转变的重要节点。

相比之下，国际投资的资产类别选择则更多受到重大金融事件的影响，不管是局部性的金融危机，还是具备全球影响的金融危机，都会对全球对外投资的资产结构选择产生较大的影响。

### （三）不平衡现象 1：净对外资产的国别分布不平衡

本节我们对国际投资中的第一个不平衡现象进行分析，即对外净资产的国别分布不平衡。本书以对外净资产占世界 GDP 的比重变化来衡量一国（或国家集团）的对外净资产相对规模，对 1970 年以来对外净资产国别分布的演变规律进行探讨。首先，对发达国家和新兴经济体内部的情况分别进行分析，其次，对不同阶段的特征进行总结。

### 1. 发达国家的整体变化和内部分化情况

本书首先分析发达国家整体对外净资产的变动情况。在分析发达国家情况时，一个需要考虑的重要因素是离岸金融中心的作用。正如很多研究所指出的那样，离岸金融中心的资产往往受到发达国家居民的实际控制，因此可以理解为发达国家对外资产的延伸。因此，在考察发达国家对外净资产的变化时，我们使用两个指标：第一个是发达国家所公布的对外净资产数据；第二个是发达国家加上离岸金融中心的对外净资产合计数额。1970 年以来的数据结果见图 4-3。可以看出，离岸金融中心所持有的对外净资产从 20 世纪 80 年代初发达国家开始进行金融自由化改革以来就持续增加；在加入离岸金融中心的数据后，发达国家整体对外净资产的状况有所改善，虽然没有改变整体净资产恶化的趋势，但对于发达国家整体变为净负债的时间有很大的推迟。在不考虑离岸金融中心的情况下，发达国家整体从 1988 年开始，即冷战结束前就持续处于对外净负债状况；但是在加入离岸金融中心的数据后，发达国家整体则是从 2011 年开始，即国际金融危机以后才开始进入持续的对外净负债状况。

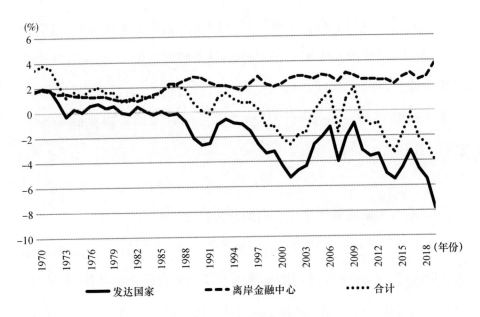

**图 4 - 3　发达国家和离岸金融中心对外净资产占世界 GDP 比重变化**

注：1. 离岸金融中心包括：泽西岛、根西岛、卢森堡、瑞士、爱尔兰、马耳他、巴哈马、百慕大、开曼群岛、英属维尔京群岛、塞浦路斯、中国香港、新加坡和毛里求斯；2. 2014 年以后的数据不包括泽西岛、根西岛、开曼群岛、英属维尔京群岛；3. 数据来源和处理方法同前。

虽然从前文分析可以看到发达国家整体的对外净资产在持续下降，但我们还需要进一步探究发达国家内部不同集团之间的变化。不同发达国家（或集团）的对外净资产占世界 GDP 的比重变化趋势见图 4 - 4。我们集中关注了传统上的主要对外投资国，这些国家从殖民时代以来就是世界上最主要的对外投资国。我们按照各国在国际经济体系中的地位把这些国家分成 4 组：（1）美国；（2）德国和日本；（3）其他 G7 国家（英国、法国、意大利和加拿大）；（4）G7 以外的其他发达国家。可以看出，不同组别国家的走势存在较大差异。在 20 世纪 90

年代初以前,美国、英法意加和其他发达国家这三组的对外净资产都不断下降,只有德日的对外净资产在不断增加。但是从 1990 年代初的欧洲货币危机以来(当时的危机不仅波及英国、意大利,同时也对丹麦、瑞典等北欧国家产生了很大的冲击),除了美国以外的其他三组国家的对外净资产都在不断改善。尤其是在 2008 年国际金融危机以来,只有美国的对外净资产出现了显著下降,成为发达国家整体对外净资产恶化的主要推动因素。

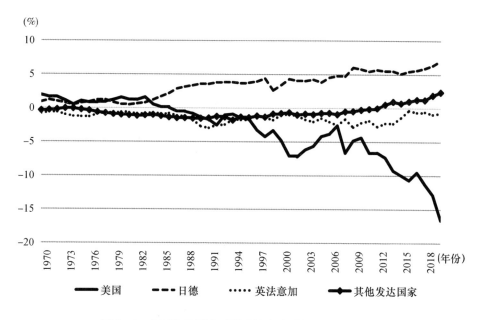

**图 4 - 4　主要发达国家对外净资产占世界 GDP 比重变化**

注:1."其他发达国家"包括奥地利、比利时、丹麦、荷兰、挪威、瑞典、澳大利亚、新西兰等传统上对外投资较大的国家;2. 数据来源和处理方法同前。

**2. 新兴经济体内部的分化情况**

从前文对发达国家整体的分析可以知道，发达国家整体对外净资产呈现下降趋势；由于最不发达国家在国际投资中的占比很小，所以上述趋势意味着新兴经济体整体的对外净资产呈上升趋势。新兴经济体内部的情况比较复杂，本书主要关注一些代表性国家。本章选取了金砖国家和海湾石油出口国的情况进行分析，图4-5展示了不同组别国家的对外净资产占全球 GDP 比重的变化情况。其中，石油出口国中的海湾富国从1973年第一次石油危机后就一直是全球资本市场的最主要投资者之一。在金砖国家内部，中国的对外净资产规模远大于其他国家，需要进行单独分析。因此，本书重点关注了三组国家的情况：中国、其他金砖国家和海湾石油出口国家。

通过图4-5可以看出，第一次石油危机（和布雷顿森林体系的完全解体同时）、冷战结束和2008年国际金融危机三个事件对新兴经济体对外资产走势有着最重要的影响。这三个事件也可以把布雷顿森林体系解体以来的50年分成三个阶段：（1）在第一次石油危机后，海湾石油出口国家迅速成为全球规模最大的对外净资产拥有者，但是从20世纪80年代初开始，随着国际投资更多从债务性资产转向股权性资产，加上石油价格的下跌，海湾石油出口国家在全球资本流动中的地位有所下降；到了20世纪90年代，海湾石油出口国家的最大净对外资产持有者的地位被德国和日本所取代。（2）在冷战结束后，越来越多的国家加入了全球分工体系，中国在

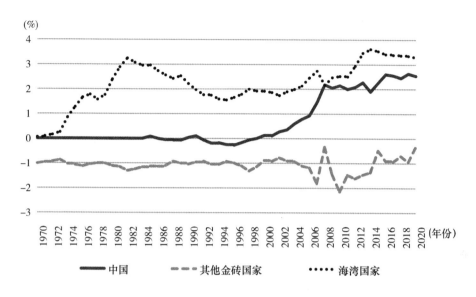

**图4-5　主要新兴经济体对外净资产占世界 GDP 比重变化**

注：1. 其他金砖国家包括巴西、印度、俄罗斯和南非；2. 海湾石油出口国包括科威特、卡塔尔、沙特阿拉伯、阿联酋4个最重要的对外投资国；3. 数据来源和处理方法同前。

2001 年加入 WTO 后对外净资产开始迅速累积，到国际金融危机前期规模基本与海湾石油出口国家相当。（3）第三个重要转折点是2008 年国际金融危机，虽然整体上看起来三组国家的对外净资产都持续增加，但危机以来的一个最大特点是其他金砖国家的对外净资产产生了比危机前更大的波动幅度。这几个金砖国家的情况也是当前很多新兴经济体所普遍面临的困境，即随着国际金融危机以来国际金融市场的波动加大，新兴经济体从对外资产和对外负债渠道所遭受到的国际收支冲击正在变大。

整体来看，从对外资产的持有来看，虽然新兴经济体的整体情况在改善，但其内部出现了较大的分化：一方面，部分富有的资源出口国（以海湾国家为代表）和制造业出口竞争力较强的国家（以中国为代表）分别在不同时期积累起较大规模的对外净资产，对于国际金融危机的冲击的承受能力加强；另一方面，大量其他新兴经济体在对外净资产并没有明显改善的情况下，在国际金融危机以来正面临着越来越大的资产价格波动。

### 3. 对外净资产国别结构转变的阶段性特征总结

通过前文的分析可以发现，自布雷顿森林体系解体以来，在对外净资产的国别分布上，一个最重要的特征就是作为全球金融中心的美国，其对外净资产不断下降，但这种下降具有明显的阶段性特征。美国对外净资产的下降意味着世界其他国家对外净资产的上升，这种上升也同样具备很强的阶段性特征，即在不同阶段，对外净资产增加的主要国家或集团有较大的差别。可以把变化过程主要分成三个阶段：阶段 1 是从布雷顿森林体系解体到冷战结束，阶段 2 是从冷战结束到国际金融危机爆发，阶段 3 是国际金融危机爆发以来。

阶段 1：美国净国外资产持续下降，并最终从世界最大债权国变成最大债务国。20 世纪 70 年代，主要的受益者是石油出口国，受到石油危机的影响，除了海湾国家等石油出口国以外的所有其他国家或集团的对外净资产都有所恶化。20 世纪 80 年代，对外净资产的国别结构变化主要发生在发达国家内部，主要受益者是日本和德国两个制造业出口大国，除日本和德国以外的其他发达国家对外净资产也出现恶化。

阶段 2：1992 年冷战结束后到 2007 年国际金融危机爆发前，虽然美国经历了持续的经常项目逆差，但美国国外净资产的相对规模几乎没有变化。这个过程中，除美国以外的主要发达国家的对外净资产都得到了改善，中国也积累了一定规模的对外净资产，而世界其他地区和其他金砖国家的对外净负债则显著增加。

阶段 3：2008 年国际金融危机爆发以来，美国的国外净资产大幅下降（主要源于估值效应），其他发达国家和中国、海湾国家等对外净资产稳步上升。与此同时，还需要关注到，大量新兴经济体在对外净资产并没有明显改善的情况下，正面临着越来越大的资产价格波动风险。

通过对国外净资产的国别分布进行分析，我们可以发现，随着国际货币体系的变化，对外净资产的国别结构也相应在发生着变化。与第二部分的结论相似，我们同样可以把布雷顿森林体系解体以来的国外净资产国别分布不平衡现象的演变划分成三个阶段，冷战结束和 2008 年国际金融危机正是这三个阶段的转折点。

### （四）不平衡现象 2：各国对外资产净收益率的不平衡

国际投资不平衡问题的第二个重要表现是各国的资产收益情况呈现较大的不平衡性。一部分国家如美国，虽然整体上是对外净负债，但凭借着较高的对外资产收益率和较低的对外负债收益率，却能在对外投资收益上获得盈余。另外一部分国家如中国，却与之相反，呈现出净资产负收益的状态。我们将利用 G20 国家的数据对这一现象进行分析。

### 1. 发达国家对外投资的收益显著优于新兴经济体

我们利用 G20 国家 2020 年的国际收支统计，计算了各国的对外资产收益率、对外负债收益率以及这两个收益率之差。（详见表 4-2）整体上来看，发达国家的对外资产收益率要高于对外负债收益率，而新兴经济体则相反，而且在部分新兴经济体，对外负债收益率要远高于对外资产收益率，从而遭受了巨大的对外投资收益逆差。

根据 G20 国家 2020 年的对外资产收益情况的分析，我们可以进一步把这些国家分成如下几类：

（1）资产收益率显著高于负债收益率的国家，包括美国、日本和德国。

（2）资产收益率和负债收益率差距不大的国家，主要是其他发达国家，也包括部分新兴经济体，如韩国和土耳其。

（3）资产收益率显著低于负债收益率的国家，即包括中国在内的其他新兴经济体。

表 4-2　　　　2020 年各国对外资产收益率和对外负债收益率　　　（单位:%）

| 国家 | 对外资产收益率 | 对外负债收益率 | 两者之差 |
|---|---|---|---|
| 美国 | 3.00 | 1.63 | 1.36 |
| 日本 | 2.67 | 1.31 | 1.36 |
| 德国 | 1.61 | 0.41 | 1.20 |

续表

| 国家 | 对外资产收益率 | 对外负债收益率 | 两者之差 |
| --- | --- | --- | --- |
| 英国 | 0.99 | 1.20 | −0.21 |
| 法国 | 1.36 | 1.01 | 0.35 |
| 加拿大 | 1.89 | 2.12 | −0.23 |
| 意大利 | 1.83 | 1.45 | 0.38 |
| 澳大利亚 | 1.82 | 1.82 | 0.00 |
| | | 发达国家平均 | 0.53 |
| 中国 | 2.61 | 5.06 | −2.44 |
| 巴西 | 2.19 | 4.08 | −1.89 |
| 印度 | 0.00 | 4.24 | −2.59 |
| 俄罗斯 | 2.87 | 7.11 | −4.24 |
| 南非 | 1.22 | 2.73 | −1.51 |
| 阿根廷 | 1.00 | 5.05 | −4.05 |
| 印度尼西亚 | 1.25 | 4.76 | −3.51 |
| 韩国 | 1.77 | 1.46 | 0.31 |
| 墨西哥 | 1.04 | 3.64 | −2.60 |
| 沙特 | 2.01 | 1.40 | 0.60 |
| 土耳其 | 3.11 | 2.23 | 0.88 |
| | | 新兴经济体平均 | −1.91 |

注：使用经常项目中的投资收益贷项除以该国对外总资产得到对外资产收益率，该计算方法与真实资产收益率之间存在一定误差，但整体上可以反映出不同国家对外资产收益率的差异。同样，使用投资收益借项除以该国对外总负债得到对外负债收益率，该数值也同样与真实负债收益率之间存在偏差。

接下来，我们关注这些国家的对外资产和对外负债收益率的长期表现（见图4-6）。我们关注三个问题：（1）对外资产收益率的长期变化趋势是什么？（2）不同类别国家的资产和负债收益率之差的长期变化趋势有什么区别？（3）因为新兴经济体普遍持有低风险对外资产和高风险对外负债，在国际金融危机期间，新兴经济体将会从这样的资产负债结构中获益。那么在一些重要的金融危机期间，新兴经济体的净对外收益率是否会改善呢？

关于第一个问题，通过简单的观察后我们发现，发达国家和大部分发展中国家，不管是其对外投资（国外资产的收益率）还是外国对其投资（对外负债的收益率）从 20 世纪 90 年以来都是持续下降的，仅有的例外是对部分新兴经济体的投资，如对中国、印度、俄罗斯和阿根廷的投资（表现为这些国家对外负债收益率的提高）。

关于第二个问题，20 世纪 90 年代以来的数据显示了较为明确的趋势，即发达经济体的资产收益情况在不断改善，如作为资源型发达国家的加拿大、澳大利亚，其收益率之差虽然仍为负数，但正快速接近 0；作为欧元区核心国家的德国和法国，其收益率之差从负转正并一直维持在较高水平；日本和美国则一直维持着较高的正收益率差。与此相反，大部分新兴经济体的收益率之差都在不断恶化。

关于第三个问题，在系统性金融危机期间，尽管确实存在部分的财富转移，比如在 2008 年国际金融危机中，中国的对外资产和负债的收益率差确实有一定改善，同时美国的收益率差有所恶化，从而引起一定规模的投资收益从金融中心国家流向外围国家。但是不管是发达经济体还是新兴经济体，这种收益率变化都并不明显，没有改变这些国家原来的收益率格局。

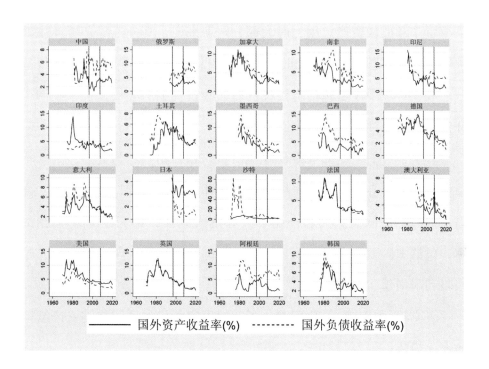

**图4-6　各国对外资产收益率和对外负债收益率的长期变化趋势**

注：1. 实线为对外负债收益率，虚线为对外资产收益率；2. 图中两条标志线分别为1997年亚洲金融危机和2008年国际金融危机。

通过图4-6的横截面和时间序列分析，我们可以发现，发达国家和新兴经济体之间的对外投资净收益存在显著的不平衡，而且这种不平衡近年来还有所扩大，接下来，本书分别从对外投资的资产结构和资产收益率差异两个角度来对这一现象进行解释。

**2. 对外投资的资产结构差异是净收益率不平衡的第一个原因**

导致净收益率不平衡的第一个原因是对外投资的资产结构差异，即结构效应（composition effect）。首先，我们把资产划分为两大类：

债权资产和股权资产。因为对大部分国家来说，其外汇储备资产主要进行债权资产投资，因此和债权资产加总构成对外资产中的债权部分。股权资产中主要包括直接投资和证券投资中的股权投资，我们也分别列示其分项和加总数据。

其次，我们把全部 G20 国家划分成三组：第一组为美国，国际货币体系中的中心国家；第二组为除美国外的发达国家，包括日本、德国、英国、法国、意大利、加拿大和澳大利亚；第三组为新兴经济体，包括中国、印度、巴西、南非、韩国、土耳其、印度尼西亚、墨西哥和阿根廷。

表 4-3 和表 4-4 分别对比了三组国家债权类和股权类资产结构的变化趋势。

从表 4-3 对不同组别国家债权类资产的持有结构来看，不管在哪个时期，在债权类资产上的持有比重都遵循如下关系：美国 < 除美国外的发达国家 < 新兴经济体。进一步分析其变化趋势，虽然从 20 世纪 80 年代以来，所有国家的债权类资产所占比重都有所下降，但从表 4-3 可以看出，新兴经济体和发达经济体之间存在的最大区别在于外汇储备资产所占比重的变化。从 20 世纪 80 年代以后，尤其是 1997 年亚洲金融危机以后，新兴经济体的外汇储备资产占比不断上升，而发达国家的外汇储备资产占比则一路下降，最后体现在整个债权类资产的比重上，发达国家从 20 世纪 80 年代以来经历了更大幅度的下降。从 20 世纪 80 年代以来债权类资产比重的降低幅度来看，存在如下关系：美国 > 除美国外的发达国家 > 新兴经济体。

表 4 - 3　　　　　　　　　　**不同组别国家债权类资产占比演变**　　　　（单位:%）

| | 1970—1979 年 | 1980—1989 年 | 1990—1999 年 | 2000—2009 年 | 2010—2014 年 | 20 世纪 80 年代以来变化 |
|---|---|---|---|---|---|---|
| 债权资产占比 | (A) | (B) | (C) | (D) | (E) | (E) - (B) |
| 美国 | 47.2 | 57.1 | 42.0 | 37.3 | 31.6 | -25.5 |
| 除美国外的发达国家平均 | 58.8 | 62.8 | 57.2 | 49.2 | 46.0 | -16.8 |
| 新兴经济体平均 | 47.9 | 55.3 | 46.1 | 34.4 | 26.8 | -28.5 |
| 外汇储备占比 | (A) | (B) | (C) | (D) | (E) | (E) - (B) |
| 美国 | 1.6 | 2.3 | 1.8 | 0.6 | 0.6 | -1.7 |
| 除美国外的发达国家平均 | 17.0 | 11.0 | 5.4 | 4.3 | 3.7 | -7.3 |
| 新兴经济体平均 | 43.1 | 29.5 | 34.1 | 42.3 | 42.7 | 13.2 |
| 上述两项之和 | (A) | (B) | (C) | (D) | (E) | (E) - (B) |
| 美国 | 48.8 | 59.4 | 43.9 | 37.9 | 32.2 | -27.2 |
| 除美国外的发达国家平均 | 75.8 | 73.8 | 62.7 | 53.5 | 49.7 | -24.1 |
| 新兴经济体平均 | 91.1 | 84.9 | 80.2 | 76.7 | 69.5 | -15.4 |

资料来源：原始数据来自 Lane and Milesi - Ferretti（2018）和各国国际投资头寸表，结果经笔者

计算整理得到。

表 4 - 4　　　　　　　　　　**不同组别国家股权类资产占比演变**　　　　（单位:%）

| | 1970—1979 年 | 1980—1989 年 | 1990—1999 年 | 2000—2009 年 | 2010—2014 年 | 20 世纪 80 年代以来变化 |
|---|---|---|---|---|---|---|
| 直接投资占比 | (A) | (B) | (C) | (D) | (E) | (E) - (B) |
| 美国 | 47.8 | 36.6 | 38.0 | 31.4 | 27.1 | -9.5 |
| 除美国外的发达国家平均 | 20.0 | 20.5 | 24.6 | 24.9 | 23.9 | 3.5 |
| 新兴经济体平均 | 12.0 | 15.0 | 15.8 | 15.8 | 21.9 | 6.9 |
| 股权组合投资占比 | (A) | (B) | (C) | (D) | (E) | (E) - (B) |

续表

| | 1970—<br>1979 年 | 1980—<br>1989 年 | 1990—<br>1999 年 | 2000—<br>2009 年 | 2010—<br>2014 年 | 20 世纪 80 年代<br>以来变化 |
|---|---|---|---|---|---|---|
| 美国 | 3.4 | 4.0 | 18.2 | 22.8 | 24.5 | 20.5 |
| 除美国外的发达国家平均 | 4.2 | 5.7 | 11.8 | 16.3 | 16.0 | 10.3 |
| 新兴经济体平均 | 1.3 | 1.8 | 4.0 | 6.9 | 7.7 | 5.9 |
| 上述两项之和 | (A) | (B) | (C) | (D) | (E) | (E) － (B) |
| 美国 | 51.2 | 40.6 | 56.1 | 54.2 | 51.6 | 11.0 |
| 除美国外的发达国家平均 | 24.2 | 26.2 | 36.4 | 41.3 | 40.0 | 13.8 |
| 新兴经济体平均 | 8.9 | 15.1 | 19.8 | 22.6 | 29.6 | 14.5 |

资料来源：原始数据来自 Lane and Milesi - Ferretti（2018）和各国国际投资头寸表，结果经笔者计算整理得到。

从表 4 - 4 对不同组别国家股权类资产的持有结构来看，股权类资产的持有比重在各个时期都遵循如下关系：美国 > 除美国外的发达国家 > 新兴经济体。可以看出，虽然所有国家都增加了股权类资产的比重，但发达国家主要是通过股票投资（股权组合投资）的方式来增加，而新兴经济体则主要通过直接投资的方式来增加。虽然看起来新兴经济体在股权类资产上的占比提高幅度要高于发达经济体，但需要注意的是，上述分类中并不包含金融衍生产品。在 2000 年以后，金融衍生产品在发达经济体的对外资产中所占比重迅速上升，而且其风险—收益特征也更接近股权资产，因此上述统计实际上低估了发达经济体在股权类资产上比重的提高。此外，除美国外的发达国家在股权资产上的增加幅度高于美国，这也是近年来美国和其他发达国家之间在对外资产净收益上差距缩小的重要原因。

表4-5　　　　　　　　　　不同组别国家债权类负债占比演变　　　　　（单位:%）

| 债权负债占比 | 1970—<br>1979 年 | 1980—<br>1989 年 | 1990—<br>1999 年 | 2000—<br>2009 年 | 2010—<br>2014 年 | 20 世纪 80 年代<br>以来变化 |
|---|---|---|---|---|---|---|
| | (A) | (B) | (C) | (D) | (E) | (E) - (B) |
| 美国 | 67.8 | 65.9 | 58.9 | 55.9 | 51.8 | -14.1 |
| 除美国外的发达国家平均 | 72.1 | 76.7 | 71.0 | 61.1 | 58.4 | -18.2 |
| 新兴经济体平均 | 78.8 | 85.4 | 72.3 | 49.2 | 40.7 | -44.7 |

资料来源:原始数据来自 Lane and Milesi - Ferretti (2018) 和各国国际投资头寸表,结果经笔者计算整理得到。

表4-6　　　　　　　　　　不同组别国家股权类负债占比演变　　　　　（单位:%）

| 直接投资占比 | 1970—<br>1979 年 | 1980—<br>1989 年 | 1990—<br>1999 年 | 2000—<br>2009 年 | 2010—<br>2014 年 | 20 世纪 80 年代<br>以来变化 |
|---|---|---|---|---|---|---|
| | (A) | (B) | (C) | (D) | (E) | (E) - (B) |
| 美国 | 16.1 | 22.8 | 28.2 | 22.6 | 17.8 | -5.0 |
| 除美国外的发达国家平均 | 21.5 | 16.3 | 16.6 | 18.0 | 17.7 | 1.5 |
| 新兴经济体平均 | 19.4 | 12.9 | 19.7 | 32.1 | 37.7 | 24.8 |
| 股权组合投资占比 | 1970—<br>1979 年 | 1980—<br>1989 年 | 1990—<br>1999 年 | 2000—<br>2009 年 | 2010—<br>2014 年 | 20 世纪 80 年代<br>以来变化 |
| | (A) | (B) | (C) | (D) | (E) | (E) - (B) |
| 美国 | 16.1 | 11.3 | 13.0 | 14.9 | 17.4 | 6.1 |
| 除美国外的发达国家平均 | 6.4 | 7.1 | 11.7 | 16.3 | 13.5 | 6.4 |
| 新兴经济体平均 | 1.9 | 1.7 | 7.9 | 18.0 | 20.5 | 18.8 |

续表

|  | 1970—1979 年 | 1980—1989 年 | 1990—1999 年 | 2000—2009 年 | 2010—2014 年 | 20 世纪 80 年代以来变化 |
|---|---|---|---|---|---|---|
| 上述两项之和 | （A） | （B） | （C） | （D） | （E） | （E）－（B） |
| 美国 | 32.2 | 34.1 | 41.1 | 37.5 | 35.2 | 1.1 |
| 除美国外的发达国家平均 | 27.9 | 23.3 | 28.3 | 34.2 | 31.2 | 7.9 |
| 新兴经济体平均 | 21.2 | 14.6 | 27.7 | 50.1 | 58.2 | 43.6 |

资料来源：原始数据来自 Lane and Milesi‐Ferretti（2018）和各国国际投资头寸表，结果经笔者计算整理得到。

表 4－5 和表 4－6 分析了不同组别国家的负债结构及其演变。从 20 世纪 80 年代以来，新兴经济体和发达经济体之间最大的差别在于，新兴经济体的对外负债主要体现为股权类负债的增加，而发达经济体的股权类负债只有很小幅度的上升，因为一般来说债权类资产的收益率要低于股权类资产，所以这也很好地解释了部分新兴经济体对外负债成本的提高。

综上，从横截面对比来看，三组国家中，美国的债权类负债和股权类资产最高，除美国外的发达国家次之，而新兴经济体则都处于最低水平，这很好地解释了三类国家对外投资净收益率上的差异；从时间序列对比来看，虽然三组国家从 20 世纪 80 年代以来都在持续改善其资产和负债结构（提高股权类资产和债权类负债比重），但美国和其他发达国家的改善幅度要大于新兴经济体，因此发达国家整体上都在不断改善其对外投资的净收益率。

### 3. 分类资产的收益率差异是净收益率不平衡的第二个原因

导致净收益率不平衡的第二个潜在原因是分类资产的投资收益率差异，即回报效应（return effect）。由于在类别资产收益上的统计完备性较低，我们选取了在国际收支统计中较为完备的两个项目——直接投资和其他投资（主要是贷款）——来进行分析。我们分析的对象是 20 世纪 90 年代以来的收益率，并且把统计标准不统一的样本删除。表 4-7 对比了不同组别国家的直接投资收益率的差异，表 4-8则对比不同组别国家的其他投资收益率的差异。

从表 4-7 可以看出，新兴经济体的对外直接投资收益率从 2000年以后就显著低于发达经济体，而且美国的对外直接投资收益率也要显著高于除美国外的发达国家；而在负债收益率上，新兴经济体则远高于美国，并在国际金融危机以后也高于其他发达国家。这两个因素相结合，使得新兴经济体在直接投资方面，其收益率差异跟美国的差距从 20 世纪 90 年代的不到 3%（美国收益率差异为 4.34%，新兴经济体为 1.57%）扩大到金融危机以后的接近 7%（美国收益率差异为4.05%，新兴经济体为 -2.76%）；而其他发达经济体和美国之间的差距则从 20 世纪 90 年代的 5.3%（美国收益率差异为 4.34%，其他发达国家为 -0.95%）缩小到金融危机以后的 3.9%（美国收益率差异为 4.05%，其他发达国家为 0.19%）。

表4-7 不同组别国家直接投资收益率差异分析 （单位：%）

| 时期 | 1990—1999 年 | 2000—2009 年 | 2010—2014 年 |
|---|---|---|---|
| 资产收益率 – 直接投资 | （A） | （B） | （C） |
| 美国 | 5.83 | 6.87 | 7.02 |
| 除美国外的发达国家平均 | 5.40 | 4.94 | 4.93 |
| 新兴经济体平均 | 7.15 | 3.79 | 3.09 |
| **时期** | **1990—1999 年** | **2000—2009 年** | **2010—2014 年** |
| 负债收益率 – 直接投资 | （D） | （E） | （F） |
| 美国 | 1.49 | 3.15 | 2.97 |
| 除美国外的发达国家平均 | 6.35 | 5.12 | 4.74 |
| 新兴经济体平均 | 5.57 | 5.53 | 5.85 |
| **时期** | **1990—1999 年** | **2000—2009 年** | **2010—2014 年** |
| 收益率差异 – 直接投资 | （A）－（D） | （B）－（E） | （C）－（F） |
| 美国 | 4.34 | 3.72 | 4.05 |
| 除美国外的发达国家平均 | −0.95 | −0.17 | 0.19 |
| 新兴经济体平均 | 1.57 | −1.74 | −2.76 |

资料来源：原始数据来自 Lane and Milesi – Ferretti（2018）和各国国际投资头寸表，结果经笔者计算整理得到。

最后要分析的"其他投资"项上的收益率差异（见表4-8）。可以发现，不管是对外投资还是对外负债，其他投资的收益率都普遍下降，而且不同组别国家的下降幅度相差不大。体现在收益率差异上，不同组别国家之间的差异也基本保持稳定，最大的变化来自美国和其他发达国家之间，两组国家间的收益率差的差距从 20 世纪 90 年代的 0.75%（美国收益率差异为 0.65%，除美国外的发达国家为 −0.10%）下降到金融危机后的不到 0.4%（美国收益率差异为 0.41%，除美国外的发达国家为0.04%）。

表4-8　　　　　　　不同组别国家其他投资的收益率差异分析　　　　（单位:%）

| 时期 | 1990—1999 年 | 2000—2009 年 | 2010—2014 年 |
|---|---|---|---|
| 资产收益率－其他投资 | （A） | （B） | （C） |
| 美国 | 5.70 | 3.64 | 1.60 |
| 除美国外的发达国家平均 | 4.85 | 2.76 | 1.06 |
| 新兴经济体平均 | 5.36 | 4.42 | 1.98 |
| 时期 | 1990—1999 年 | 2000—2009 年 | 2010—2014 年 |
| 负债收益率－其他投资 | （D） | （E） | （F） |
| 美国 | 5.05 | 3.10 | 1.19 |
| 除美国外的发达国家平均 | 4.95 | 2.82 | 1.02 |
| 新兴经济体平均 | 5.72 | 5.13 | 2.46 |
| 时期 | 1990—1999 年 | 2000—2009 年 | 2010—2014 年 |
| 收益率差异－其他投资 | （A）－（D） | （B）－（E） | （C）－（F） |
| 美国 | 0.65 | 0.54 | 0.41 |
| 除美国外的发达国家平均 | -0.10 | -0.06 | 0.04 |
| 新兴经济体平均 | -0.36 | -0.71 | -0.48 |

资料来源：原始数据来自 Lane and Milesi-Ferretti（2018）和各国国际投资头寸表，结果经笔者计算整理得到。

从各国分项资产的收益率差异来看，不管是直接投资还是其他投资，都可以发现新兴经济体和美国之间的差距从20世纪90年代以来不断拉大，而其他发达经济体则大大拉近了和美国的差距。

### 4. 资产净收益率变化趋势总结

各国对外资产的净收益率不平衡现象主要表现为以下两个特征：其一，新兴经济体和发达国家之间的差距在拉大；其二，美国和其他发达国家之间虽然仍存在差距，但差距在缩小，且日本和德国正逐渐表现出和美国类似的特征。上述现象不仅表现在净收益率的变化上，还表现在导致净收益率差异的两个潜在原因上，即资产结构差异和分类资产收益率差异上面。不管从哪个角度来看，新兴经济体和发达经济体之间的差距都在拉大，从两个集团来看，发达经济体从国际投资活动中获得的收益正在提高，而新兴经济体从 20 世纪 90 年代以来从国际投资活动中所获得的收益则正在下降。

### （五）国际金融危机以来美国外部平衡调整方式的改变

通过前文的分析可以发现，国际金融危机以来，国际投资不平衡现象出现了一些新变化。由于美国是国际投资不平衡现象的主导者，因此对美国外部平衡调整方式的研究有助于我们对国际投资不平衡现象的近期演变进行分析和对未来发展进行展望。

美国在 2008 年国际金融危机以来在对外部不平衡进行调整的方式有了一定改变。在 2008 年以前，估值效应对于改善其对外净资产起到了非常重要的作用。图 4 - 7 中展示了美国的累计经常项目赤字和美国净国际投资头寸之间的差距，这部分差距可以大致理解为美国对外资产负债的美元市场价值调整所带来的估值效应。这部分效应在国际金融危机前的 2007 年达到了最大。而在 2008 年以后，这两者之间的差距迅速缩小，到 2019 年以后，估值效应几乎完全消失。

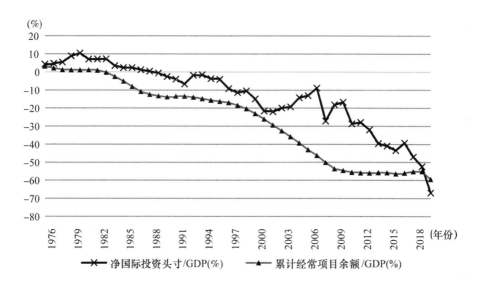

**图 4 - 7　美国净国际投资头寸和累计经常项目余额占 GDP 比重变化**

但美国的对外负债规模在国际金融危机以后依然持续上升，并且对外负债占 GDP 的比重在 2020 年超过了国际金融危机以前的最高水平（见图 4 - 8）。拥有庞大对外资产负债的美国依然通过金融渠道能获得其他重要收益。我们可以看到，在 2008 年国际金融危机以后，美国虽然短期内在商品贸易逆差上有所缩窄，但在 2012 年以后该数字基本保持稳定，跟 2000 年前后的数值相仿，依然大大高于 20 世纪 90 年代的水平（见图 4 - 9）。但是，跟 2000 年以前不同的是，美国在服务贸易顺差和投资收益顺差上都出现了大幅提高（见图 4 - 10 和

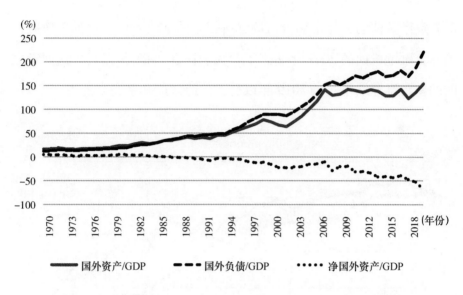

图4-8 美国国外资产、国外负债和净国外资产占 GDP 比重变化

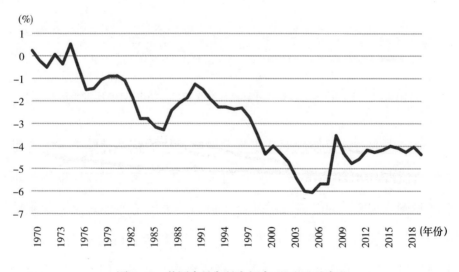

图4-9 美国商品贸易余额占 GDP 比重变化

图4-11），尤其是跟国际投资活动紧密相关的金融服务贸易上，其顺差在国际金融危机后大幅上升。上述调整使美国的国际收支在一定

**图 4 – 10　美国投资收益占 GDP 比重变化**

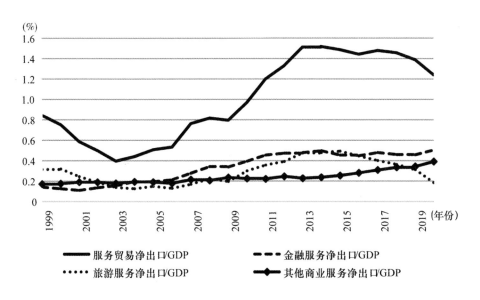

**图 4 – 11　美国服务贸易顺差占 GDP 比重变化**

程度上实现了新的平衡，表现为其累积经常项目余额占 GDP 的比重在 2012 年以来表现平稳（见图 4 – 7）。虽然这并不意味着美国的国际收支是可持续的，但一定程度上其恶化趋向在国际金融危机后得到了抑制。

虽然估值效应在国际金融危机后对美国国际投资头寸的改善已经失去作用，但美国独特的对外资产负债表币种（本币负债、外币资产）和资产结构特征（主要国家中最高的股权资产比重和债权负债比重），依然使得美国具备通过主动调整货币政策的方式来重新获得巨额的估值效应。一个最简单的做法就是通过在全球资产市场相对正常的时候实施宽松货币政策，同时实施美元的有序贬值，一方面降低负债成本，另一方面通过美元贬值而获得更多的正估值效应。因此，美国庞大的对外资产和对外负债依然为其解决国际收支不平衡问题提供了重要的潜在工具。

### （六）结论和启示

布雷顿森林体系解体以来的半个世纪中，对外资产和负债日益成为国际收支调整的重要渠道。随着全球金融一体化的推进，各国的国外资产和国外负债规模迅速上升，同时资产结构也经历了数次重大转变。不管是对外资产规模的增长，还是对外资产结构的调整，都受到了重要的政治和经济事件的影响，因此对外资产和负债状况的演变能成为一把反映全球货币体系演进的重要标尺。我们可以梳理出国际投资演变的三个阶段：阶段一是从布雷顿森林体系解体到冷战结束，阶段二是从冷战结束到国际金融危机爆发，阶段三是国际金融危机爆发以来。在这三个阶段，国际投资规模和结构都呈现出不同的特点，也正好对应着布雷顿森林体系解体以来国际货币体系发展的不同阶段。

与国际投资活动日益活跃现象相伴随的是国际资产市场中出现的不平衡现象，主要体现为对外净资产分布的不平衡和对外资产净收益率的不平衡。在第一个不平衡现象中，不平衡主要发生在两个集团内部：发达国家内部，美国对外净资产持续下降，与此同时其他主要发达国家对外净资产在不断上升；新兴经济体内部，中国、海湾国家等部分国家对外净资产稳步上升，而大量新兴经济体在对外净资产并没有明显改善的情况下，正面临着越来越大的资产价格冲击。在第二个不平衡现象中，不平衡则主要发生在发达国家和新兴经济体之间，体现为两者在资产结构、分项资产净收益率和整体资产净收益率上差距的不断拉大；而在发达国家内部，美国和其他发达国家的差距则变得越来越小。

美国作为国际投资不平衡现象的主导者，其在 2008 年国际金融危机以来在对外部不平衡进行调整的方式上有了一定改变。估值效应对于改善其对外净资产的作用趋于消失，但美国正通过更高的金融服务贸易顺差和投资收益顺差来改善其经常项目赤字，同时美国规模日益庞大的对外资产和对外负债为其未来通过估值效应解决国际收支不平衡问题提供了潜在工具。

布雷顿森林体系解体以来，在国际投资不平衡的发展过程中，发达国家作为一个整体其获益不断增长，除了美国从 20 世纪 70 年代以来就持续获益以外，其他发达国家从中获得的收益在 20 世纪 90 年代以来也在不断增加。而对新兴经济体来说，除了少数国家以外，整体来看从 20 世纪 90 年代以来在国际投资活动中的收益在相对下降，且这一现象在全球金融危机以来随着国际资本市场波动的加剧而变得更为突出。

上述对国际投资不平衡问题的分析，对于国际货币体系的发展和完善有如下启示：第一，在构建新的国际货币体系时，要重视国外资产和负债这一调整渠道的作用；第二，国际金融危机以来，部分新兴经济体国外资产和负债的金融调整渠道调整风险正在变大，这是格外需要注意防范的风险点；第三，在现行体系下，发达国家通过国际投资渠道获得的整体收益正在变大；第四，在国际货币体系演化的不同阶段，国际投资格局演变有其不同特点；目前日本和德国已经部分出现了美国式的过分特权的特征，这意味着多元货币体系已经逐步成型。但是，从目前体系中获益越来越多的仍然是发达国家，在美国维持了其中心地位的同时，部分发达国家也逐步获得了金融中心地位的待遇，而中国等新兴经济体依然在国际金融体系中处于外围地位。

# 第五章

# 国际货币体系、国际金融市场与
# 全球金融周期

　　自布雷顿森林体系崩溃以来，美元在金融全球化中发挥了主导作用。在金融全球化的进程中，美国推动了全球金融体系的发展，最终使得美元成为全球金融体系中的主导货币。同时，美国金融系统也成为全球金融体系中的最重要的元素之一。由于美元在全球金融体系中的主导地位，美国在金融全球化的过程中获得了巨大的利益。美国拥有全球金融体系下最大规模的经济、最大规模的金融市场，同时在所有发达国家中也持有最大规模的国外资产和负债；美元成为全球贸易和金融交易下最重要的货币。这两点都保证了美元在国际货币体系中的霸权地位。本章将从美元在国际货币体系中霸权地位的不同角度来展开讨论美元对国际货币体系、国际金融市场和全球金融周期的影响。

　　美元在国际货币体系中所体现的特点对于我们理解其对国际货币体系、国际金融市场和金融危机所产生的影响十分重要。因此，本章首先讨论布雷顿森林体系崩溃以来美元在国际金融市场中所体现的特性，然后在此基础上介绍美国相对其他国家外部调整和美元汇率对于国际金融体系的影响，最后讨论美元霸权地位下的全球金融周期和政府维持本国金融系统稳定的政策。

国际货币体系中的主导货币通常是指在货币发行国以外广泛使用的货币。其在金融系统中所发挥的作用涉及货币的三大功能：交换媒介、价值储存和记账单位。处于主导地位的货币所扮演的角色在国际使用中有很多协同作用，使其难以被其他货币取代。主导货币作为交换媒介必须使使用者对其产生信心，所有使用者都承认该货币并且货币拥有稳定的价值。通常这一特性需要可靠的财政当局对货币提供支持。同时，主导货币的稳定性使其成为很好的记账单位，可以用它来估算家庭购买力和进行贸易。作为交换媒介其所带来的网络外部性也使得使用的人越来越多。此外，投资者也会由于交易资产的需求来囤积货币，因此资产市场的发展与货币在国际上的使用之间存在天然的互补性。中央银行也会囤积美元来稳定本国货币对国际货币的汇率，以降低国际贸易的汇率风险和投资风险。图 5 - 1 汇总了国际货币系统中主要货币的使用占比。货币的资产交易和其在国际贸易上的使用具有很强的互补性。美元在跨境贷款、跨境债券发行、外汇交换、跨境支付方面仍占主导地位。欧元在国际货币系统中处于第二位，但是同美元差距仍很大。

从布雷顿森林体系到浮动汇率时代，美元一直处于国际货币体系中的霸权地位。美元主导的国际货币体系为全球经济的发展和稳定奠

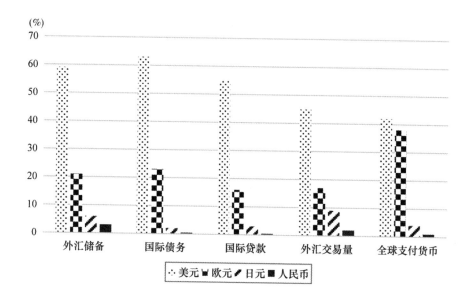

**图 5 - 1　国际货币体系中主要货币使用占比**

资料来源：欧洲央行。

定了基础。美元促进了全球化竞争中国际贸易的发展。涉及国际贸易的金融交易大量使用美元。例如在出口单据的处理、进口融资和即期远期汇率转换上美元的主导地位推动了国际贸易的迅速增长。此外，国际银行体系的发展和跨国银行在外国分支机构的建立也通过美元促进了国际贸易的发展。美元也推动了来自其他国家的外国直接投资的增长，这也直接影响了国家之间的贸易。此外，美元在全球金融一体化的过程中也为全球金融系统带来了其他好处。美元在跨境金融交易中加强了金融体系的风险共担机制，从而减少了个体外部风险，增强了经济稳定。此外，以美元为主导的金融一体化也分散了各经济体终端消费的来源和国家收入来源，这也降低了外部冲击对这些经济体所造成的宏观经济波动。例如，国外直接投资可以帮助分散经济活动，从而创造更大的分配效率和改善宏观经济稳定性。大型银行的跨境多元化可以通过减少银行倒闭的可能性提高银行体系的稳健性，同时银行间市场的发展可以为银行提供有效的风险分担机制。在金融全球化的过程中，企业也能够更加容易确立并分散其在国外的项目。在这些过程中，美元的主导地位都发挥了巨大的作用。尽管以美元为主导的金融—体化为美国和其他国家带来大量的好处，但是它也带来了潜在的问题。例如，2008—2009 年国际金融危机中所体现的宏观失衡和新冠肺炎疫情所带来的美元融资市场的大幅波动都反映了美元主导地位所带来的潜在问题。

回顾第二次世界大战以来国际货币体系的演进历史可以发现，战后初期，根据美国及其盟友在新罕布什尔州布雷顿森林会议上谈判达成的 1944 年协议，其他国家货币与美元挂钩，而美元与黄金挂钩。协议的主要目标是通过更加灵活的政策来取代大萧条期间崩溃的金本位制度。在该协议的实施过程中，美国能够享受该协议所提供的灵活性。其在国内的政策目标上有很强的灵活性，同时有能力维持持续的国际收支逆差。布雷顿森林体系最终崩溃的部分原因是美国难以履行其维持价格稳定的义务。自 20 世纪 70 年代初以来，国际货币体系逐渐更加分散，每个国家设定自己的汇率框架，国际主要货币的价值都由市场决定。布雷顿森林体系是由中央银行和其他政策制定者实施执行。在当前的非中心化货币制度中，贸易和金融中使用货币的决定主要由市场参与者做出。在布雷顿森林体系崩溃之后美元仍旧保持领先地位的重要原因之一是惯性。市场参与者在国际交易中习惯使用美元，同时交易方接受美元的意愿也进一步提升了美元的地位。在最近几十年中，美元也证明了其作为国际主导货币的价值。以美元主导的国际货币体系能够提供以下两个重要好处。首先，美元为国际上的产品和资产交易提供流动性。其次，美元可以承担风险共担的角色。美元能在危机期间为其他国家提供保险，加强国家之间的风险分担。本章将详细讨论美元所拥有的这两个特点。

## （一）美元霸权地位的特点

### 1. 美元处于国际贸易和资产交易中的主导地位

布雷顿森林体系崩溃以后，美元仍旧承担了国际货币体系中主导货币的地位。其作为主导货币使得大量国际贸易和资产交易都以美元计价。数据显示以美元计价的贸易份额比例远远超过美国在全球贸易份额中的比例。Gopinath（2015）发现在其所分析的样本中以美元计价的进口商品所占份额大约是美国产品占进口比例的 4.7 倍，而以欧元计价的进口商品所占份额和同欧元区进口商品份额基本接近。此外美元价格也具有黏性，这意味着不同国家的进口者更加偏好持有美元存款或者相应的美元资产在未来购买进口商品。因此，国际贸易中的大量产品都以美元计价会逐渐加强美元的主导地位，也将增加对美元存款的需求。如果对美元存款的大量需求难以满足，将压低美元资产收益，同时出口企业借入美元贷款的利率也将下降。伴随出口企业借入美元，企业更倾向对其产品以美元为单位计价。企业对安全资产的需求也会进一步加强美元的主导地位。布雷顿森林体系崩溃之后，随着全球化进程的加快，美元作为国际贸易计价的主要单位，逐渐发展成为世界贸易和金融体系下的主导货币。

美元在国际产品贸易和资产交易中所处地位的背后机制成为最近美元研究的热点问题。大量关于国际贸易计价货币选择的文献集中讨论了计价单位的选择对汇率传导机制的影响。Engel（2006）在考虑汇率传导下讨论了出口企业的最优价格设定机制。同外生货币选择模型不同，Gopinath，Itskhoki，and Rigobon（2010）利用内生货币选择模型考虑在汇率传导机制下企业最优价格设定。Gopinath and Stein（2021）理论上讨论了贸易计价货币和安全资产定价的相互作用并论证了为什么贸易计价和全球金融领域会出现主导货币。其所提出的统一框架也揭示了布雷顿森林体系崩溃以后全球主导货币所体现的特点。第一，作为贸易计价单位的货币与其作为安全资产角色相辅相成；第二，互补性导致在全球贸易和金融体系中出现主导货币；第三，新兴国家的企业通过借入主导货币造成货币错配；第四，以主导货币资产定价的资产预期收益要低于其他货币定价的安全资产，这会导致主导货币"过度特权"。

由于大批国家把本国货币同美元挂钩，或者采取与美元走势密切相关的有管理的浮动汇率制度，美国成为这些国家最大的贸易伙伴，大部分的国际贸易都是以美元计价。全世界超过60%的进口贸易交易计价是以美元为基础，而美国自身的进口只占到全世界进口的12%左右。根据 Gopinath（2015）相关数据，我们可以分别计算不同国家以美

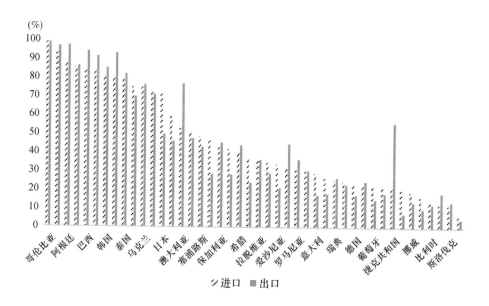

**图 5 - 2 以美元计价进口和出口比例**

资料来源：IMF。

元和欧元计价的进出口比例。图 5 - 2 和图 5 - 3 分别显示了不同国家以美元和欧元计价的进出口比例。我们可以看到美元或者欧元的进口和出口有显著的正相关性。根据图 5 - 2，位于拉丁美洲和亚洲的新兴国家大量贸易都是以美元来计价。例如，韩国的美元出口和进口合计份额可以达到 1.85。图 5 - 3 显示欧洲国家贸易主要依赖欧元计价。整体上，美元是国际贸易的主导货币，而欧元只是区域性的贸易计价货币。

美元作为国际贸易下的主要计价单位，美国企业能够利用美元低成本地进行国际贸易和财务运作，同时减少了汇率风险。美元的主导地位为美国企业和家庭创造了显著的收益。美元作为主导国际贸易的计价货币除了给美国企业和家庭带来了显著好处，也推动了美元成为

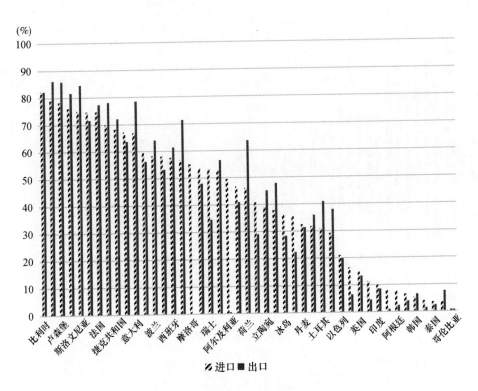

**图 5-3 以欧元计价进口和出口比例**

资料来源：IMF、欧洲央行。

非美银行负债和外汇融资的主要来源。非美银行超过60％的负债都是以美元计价。当越来越多的产品在国家之间以美元进行交易，对美元存款或以美元保证支付金额的金融债权的需求将增加。因此，在国际贸易中的美元作为计价单位同美元资产需求紧密相关。以美元定价的安全资产也在全球金融系统中发挥了重要的作用。Gourinchas, Rey and Govillot（2010），Maggiori（2017）发现在金融危机下美元有升值的趋势，导致美元资产存在一定保险属性。Zhiguo He 等人（2016）认为相对其他国家更好的基本面和债务规模导致美元资产成为安全资产。Farhi and Maggiori（2018）认为美国在提供安全资产上处于垄断地位导致美元资产成为安全资产。因此，在下一部分我们简要讨论美元资产在风险共担上所发挥的作用。

### 2. 美元和全球风险共担

以美元为主导的国际货币体系所体现的另一个重要特点是，美国为其他国家提供安全资产。因此，美国资产负债表具有如下显著特点：拥有高风险国外资产和无风险的美元负债。其他国家对于美元负债需求很高。其他国家所持有的美国国债和政府债券在危机时期会升值，为持有者提供保险。因此，布雷顿森林体系崩溃后，美元和黄金挂钩被打破。美元仍旧成为储备货币并发挥着全球风险共担的作用。

理解美元在全球风险分担中的地位，我们需要理解美元所带给美国的"过度特权"。美元主导地位所导致的主导货币"过度特权"，使得美国拥有的外部资产收益高于外部负债成本。"过度特权"直接导致美国所受到的外部约束放松，进一步加大美国的贸易和经常项目赤字，同时也没有导致美国净国外资产相应恶化。通过"过度特权"，美国通过所持有的净国外资产收益获得来自其他国家的转移，因此理解"过度特权"的来源是我们理解美元在风险共担中所扮演角色的关键。2008 年国际金融危机和 2010—2012 年欧债危机的爆发，使我们认识到美元在全球风险分担中所起到的重要作用。在危机时期，外国投资者大量购买美国资产同时美国所持有外国资产价格发生大幅下滑，这导致美国净资产头寸出现了大幅度的恶化。因此，在危机期间，其他国家从美国获得了财富转移。对应"过度特权"，这一现象可以理解为美元的"过度责任"，即美国向其他国家提供保险。因此，"过度责任"也体现了美元在国际货币体系中风险共担的特点。

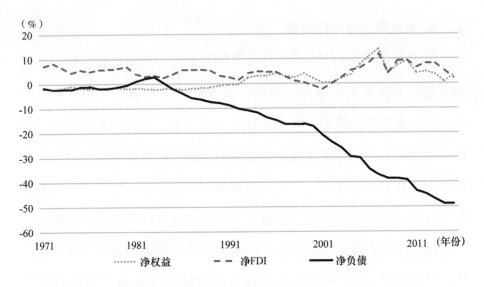

**图 5 - 4　按不同资产分类的美国资产净头寸占 GDP 比例**

为了分析美国资产负债变化的情况，我们根据 Lane and Milesi-Ferretti（2017）的数据将美国的资产和负债分解成投资权益、债券和直接投资三部分。大量的债券存在于资产负债表的债务端，而投资权益和直接投资位于资产负债表的资产端。图 5 - 4 显示最近 20 年美国的净投资权益和直接投资快速上升，而净负债规模在 2015 年接近占到 GDP 的 - 50%。图 5 - 5 显示了 Lane & Milesi-Ferretti（2017）数据所构建的美国所持有风险资产和安全负债 1970—2017 年的变化。其中净风险资产定义为投资权益和直接投资资产减去投资权益负债和直

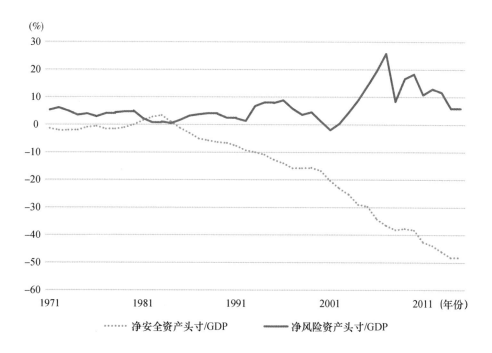

**图5–5　美国净风险资产和净安全资产头寸占 GDP 比例**

接投资负债；净安全资产定义为储备资产和组合债券资产减去组合债券负债。图5–5显示美国在80年代后期开始持续购买风险资产，并出售安全资产。世界其他国家在80年代后期持续购买美国安全资产，同时出售安全资产。这些非对称的资产负债状况都显示美国的外部杠杆自20世纪90年代以来迅速上升，美国获得主导货币的"过度特权"。美国通过风险资产获得了相对安全资产更高的收益，使得美国能够保持更高的外部赤字。图5–6显示了美国净国外资产头寸和累计经常性项目的变化。净国外资产头寸水平低于累计经常性项目也显示了美国在风险资产上所获得的收益。2007—2009年金融危机期间美国净国外资产头寸下降接近19%显示了美国向世界其他国家提供保险。危机期间，美元能够提供"过度责任"。美元升值同时美国国债保持相对稳定造成财富从美国转移到世界其他国家。

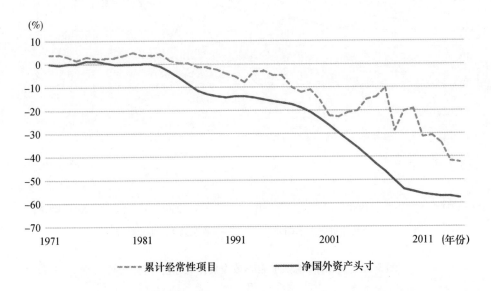

图 5-6  美国净国外资产头寸和累计经常性项目占 GDP 比例

尽管美元在当前货币体系中占据主导地位，但当前迹象表明美元的主导地位逐渐减弱。第二次世界大战结束后，美国占世界 GDP 的比重超过25%。美国和西欧国家占世界 GDP 的比重超过40%。此后，经济增长的主要驱动力从美国和西欧向东转移到亚洲。在中国强劲的增长和国内改革的推动下，中国处于近期经济转型的中心。在过去的70年中，中国在全球 GDP 中的份额翻了两番，达到20%左右。其份额与美国的份额大致相同。预计未来几年这一份额将继续增长。中国也不再只是低成本商品的制造商，大量的企业收益来自"高附加值"行业。除此之外，包括印度在内的东南亚经济体在人口结构和技术进步的推动下，经济也获得了快速增长。数据显示整个亚洲经济区 GDP份额现在占全球 GDP 的 50%，同时全球经济增长的三分之二都来自亚洲经济区。随着该地区的发展，非美元交易的份额将不可避免地增加，这将减弱美元主导货币的地位，尽管美元仍旧占据主导地位。伴随亚洲经济的快速发展，世界货币体系将从美元主导的体系转向，而亚洲国家将发挥更大的作用。最近的全球央行外汇储备数据也显示美元所占全球外汇储备的份额在逐渐下降。此外，当前世界贸易格局的变化减弱了美元这一国际贸易主导货币的地位。世界各国都在试图发展相应的支付系统来减少对于美元的依赖。这些系统都处于发展初期，但这将带来美元主导地位的结构性改变。

除了上述结构性因素，国际金融危机之后由于其他货币的潜在竞争和美国在国际经济中所占份额的下降，美国在国际货币体系中所体现的"过度特权"显著减弱。最近一段时间，美国在政府债券上所支付的利率并没有低于其他发达国家。

Gourinchas 等人（2010）利用跨境资产数据验证了美元所体现出的"过度特权"和"过度责任"的特点。尤其是在最近出现的全球危机中，他验证了美元向其他国家提供保险机制的存在。在当前的国际货币体系中，美元作为主导货币通过向其他国家提供保险来获取保险溢价。这一结果主要体现在美国同其他国家的风险厌恶度的差异。由于美国经济能够更好地处理金融风险，美国更加愿意购买外国风险资产出售本国安全资产，因此，在无风险期美国获得"过度特权"；相反，在风险期，美国获取"过度责任"。美元作为国际贸易和资产交易的主导货币，同时向其他国家提供风险分担。美元所拥有的这些特点对国际金融市场产生了深远的影响。围绕以上美元主导的国际货币体系中的特性，本书在以下部分主要讨论美元主导的国际货币体系对国际金融市场和全球金融周期对于金融危机的影响。

### （二）美元作为全球融资货币

美元在国际货币和金融体系中发挥着核心作用。美元是世界主要的储备货币，占所有官方外汇储备的61%。大约一半的国际贸易以美元来计价，大约40%的国际贸易以美元支付。此外，美元也是当前国际货币体系中最重要的融资货币，当前以美元计价的跨境贷款和国际债务融资比例占总规模的一半。因此，美元作为主要融资货币是我们理解全球银行体系的关键因素。

全球银行体系中的一个重要事实是大量由美元计价的融资行为都是由非美金融机构完成的，而且大量融资都发生在美国之外。国际清算银行的数据显示，过去20年非美银行美元资产和负债迅速上升，基本达到美国银行水平（详见图5-7）。非美银行向美国以外的消费者提供了大量的贷款，同时在美国金融市场上也发挥了越来越重要的作用。尽管美国仍旧是最大的美元跨境流动的提供方和接收方，大量美国之外的美元融资并没有美国金融机构的参与。美元融资市场的另一特征是大部分的非美金融机构无法获得稳定的美元融资来源，例如零售型美元存款；同时，这些非美机构也无法通过美国的银行间市场和美联储获取美元。因此，非美金融机构所获得的美元融资来源并不稳定。在某些情况下，由于市场分割、运营限制和信用评级限制，某些非美金融机构可能只能使用部分金融工具进行融资。由于这些机构所获融资来源的差异通常导致比较复杂的跨境资金链条，因此美元融资交易经常涉及汇率风险，这些非美金融机构需要对外汇风险进行对冲。

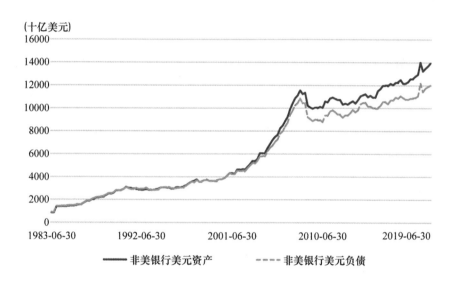

**图 5 – 7　非美银行的美元资产和负债**

资料来源：国际清算银行。

### 1. 非美银行美元融资机制

基于以上美元融资的特征，我们首先简要介绍全球美元融资行为背后的机制，然后简要梳理美元融资的其他重要特点和发展趋势。

美元融资并非都是由美国银行主导完成。非美银行也在美元融资业务中占据较高份额。非美银行的美元资产和债务在过去 20 年中快速上升，因此理解全球银行尤其是非美银行的美元融资行为是我们理解美元作为全球银行融资货币的关键。Ivashina et al.（2015）从理论和实证上解释了非美银行的美元融资行为。非美银行在美国的融资主要通过美元"批发"融资模式。非美银行的大量短期美元融资主要来自未担保的机构来源，例如美国货币基金市场所购买的商业票据。美国国内银行的美元融资主要来自有黏性保险存款。这使得非美银行的美元融资成本和可获得性极度依赖银行的信用。

Ivashina et al.（2015）具体讨论了欧洲银行的美元融资情况。假定某欧洲银行向欧洲企业借出欧元，向美国企业借出美元。一般来讲，欧洲银行主要通过吸收欧元存款对欧元贷款进行融资。而面对美元贷款，欧洲银行主要通过向美国金融机构发行无保险商业票据来进行融资。如果欧洲银行的信用风险为零，在美国市场缺乏保险对其美元融资成本不会产生影响。如果欧洲银行的信用风险恶化，由于其美元负债缺乏保险，美国银行会减少来自欧洲银行的商业票据，欧洲银行在美国的美元融资成本会迅速上升。这意味着欧洲银行所面对的欧元融资要比美元融资有优势。因此，欧洲银行更加愿意获得欧元融资，然后购买美元，并通过外汇市场远期合约对冲美元汇率风险来对美国企业贷款。如果来自欧洲银行的信用风险冲击足够大，欧洲银行对于外汇远期合约需求的大量上升会使得外汇市场利率平价关系发生偏差。这将极大提升欧洲银行的美元融资成本。因此，欧洲银行会相应减少美元融资，但是对于欧元融资供给变化不大。通过以上分析，我们可以看到非美金融机构在美元融资市场下的特点及其所受到的风险是影响美元融资市场的重要因素。

## 2. 美元融资特点

美元融资网络通常是高度全球化和互联互通的。美元的最终用户和提供方相当分散。首先，美国银行系统是向非美居民提供美元的最大贷方，同时也是美元跨境融资最大接受方。其次，大量美国以外的美元融资都是在非美金融机构之间发生的，同美国银行系统关系不大。例如，法国、日本和英国的银行同其他发达国家的金融机构从事跨境融资活动。总部位于日本、英国、加拿大、瑞士、法国和德国的金融机构会向美国的金融机构借出美元。美国本土银行也向外国交易方提供大量美元贷款。

在美元融资网络中，美国机构和非美机构的动机各有不同。非美机构可能由于以下原因需要借入美元。第一，美元融资市场具有充足的流动性，拥有广泛的投资者基础，可以有效减少交易成本。尤其是来自新兴国家的借款人，由于国内制度不完善和较高的通货膨胀率，通常更愿意发行以美元计价的债务来吸引外国投资者。其他发达国家的美元借入人也可以通过融入美元来分散融资风险。第二，以美元计价的国际贸易占比达到50%。在进行跨境贸易时，由于定价和支付的时间差异，非美企业通常要面临汇率风险。选择美元融资可以减小汇率风险。第三，融资成本差异。无论是以对冲或以未对冲作为基础，借入人通常可以借入美元来减少融资成本。国际金融危机之后，由于利率平价关系发生偏离大幅影响了对冲美元融资的成本，这使得对冲后的美元融资成本要远远小于其他货币的融资成本。

此外，美国机构也愿意向非美机构借出美元。首先，由于美元融资渠道有限，非美借入方通常会愿意承担更高的融资成本。其次，美国本土机构可以通过向非美机构借出美元来分散风险。

非美金融机构也愿意购买美国资产。非美金融机构通常会获得美元融资来购买美元资产从而达到更好的风险后收益平衡。美元资产能够分散非美金融机构的投资组合同时也能获取更好的资产流动性和风险控制。对于其他发达国家经济体，美元资产相对本国货币能够提供更高的风险调整回报。尽管，美国国债相对其他发达国家国债的吸引力逐渐下降，非美机构投资大量美元高收益公司债券。对于安全美元资产的偏好也使得非美金融机构购买大量美国国债和投资级公司债。美国国债市场是世界上规模最大流动性最好的国债市场，美元计价的投资级公司债占到所有投资级公司债的一半规模。通常来讲，安全美元资产会在危机时期升值，因此可以作为对冲经济下滑的手段。此外，由于美元市场的深度，投资者能够在美元市场上进行大规模交易，同时所造成的价格影响最为有限。新兴国家的投资者持有美元资产，可以帮助他们对冲国内通货膨胀和国内货币汇率贬值的影响。

非美金融机构由于以下原因也持有大量美元：第一，由于经常性项目剩余，中央银行持有大量美元外汇储备。中央银行的外汇储备通常会用来购买美国国债。第二，由于国际贸易定价主要以美元计价。企业通常会拥有大量应收美元资产和美元现金来支付产品。通常这类资金会投资短期美元资产。第三，非美金融机构在通过存款获取美元之后，通常会选择美元资产来对冲负债的汇率风险。

### 3. 美元融资趋势

国际货币体系中的美元融资趋势在过去几十年一直发生变化，但是美元相对其他主要国际货币融资所占比例仍然使其成为主要的融资货币。

银行一直以来都在跨境美元融资中发挥了关键性的作用。自国际金融危机以来，银行的资产负债表出现了大幅度的调整。这些调整主要是受到新的银行法规和更加完善的风险管理的影响。例如，为了应对《巴塞尔协议Ⅲ》资本要求，银行通过减少资本密集型的业务来改善自身资本状况。此外，银行也大幅度改进了流动性风险管理。通常，各国监管机构要求银行监控货币水平下的流动性风险。为了应对监管要求，银行通常加大了对于高流动性美元资产的需求并通过提高负债期限来减少短期美元融资。由于监管的加强，银行之间美元融资的联系也在下降。银行间的国际美元贷款直接风险敞口在过去十年中下降了，从大约40%下降到略低于25%。当银行间的联系逐渐减弱，银行同非银行金融机构的联系逐渐加强。同时，监管也改变了美元融资的结构。例如，非美银行加大了来自美国以外的美元融资来源，减少了来自美国货币基金的融资来源。

美元融资行为在不同地区也发生了变化。在过去十年中，不同司法管辖区内的非美银行对其美元相关业务开始了不同选择。国际金融危机以后，与其他发达国家相比，欧洲银行显著减少了欧洲以外的银行业务。其主要通过减少针对美国居民的跨境贷款业务来实现。通过减少跨境贷款风险敞口，欧洲银行试图修复资产负债表，并将核心资本用于其主要市场。当前，美元融资的主要业务仍旧在发达国家之间发生，同新兴市场国家有关的美元融资也在快速上升。新兴市场国家国债、银行和非银行金融机构的债券发行推动了新兴国家的美元融资业务上升。尽管，新兴市场国家银行的跨境美元贷款业务上升不大，但是新兴市场国家作为借入方和借出方的美元跨境融资业务可以占到总量的20%。此外，最近几年中新兴市场国家的美元融资行为都同中国有关。

美元融资的上升主要来源于市场化的融资行为。在过去十年中，超过半数的美元跨境融资是以市场化的债券融资为主而不是银行贷款融资。在这一时期，美元债券相对全球 GDP 的份额持续上升，而银行贷款融资相对全球 GDP 的份额逐渐下降。以市场化融资为主的融资变化反映了美元融资市场的结构化变化。第一，银行的资产增长受到了限制。银行加强了风险管理并修复资产负债状况。第二，国际金融危机之后对于银行业的监管提升了银行业的安全性和稳健性，但是中介成本的上升也使得大量融资行为发生在银行以外。第三，在低利率环境下，机构投资者追逐收益对于债券资产的需求大幅上升。非银行金融机构成为美元债券的重要发行方。

国际货币体系中的美元融资市场，涉及不同国家和部门的个体。美元融资市场的参与者通常会面临流动性、期限、汇率和信用的相关风险。美元融资市场内的重要特点是大量非美机构参与美元融资。通常这些非美机构无法获得稳定的美元融资来源，也缺乏相应的中央银行的流动性工具使其在危机期间获取美元。由于融资来源有限，非美机构主要通过短期批发美元融资市场来获取美元。这些行为所涉及的流动性和展期风险会导致金融机构的脆弱性。美元的借入方由于其获取的现金流通常都是以其他货币计价，汇率和利率的变化都会导致借入方的风险上升从而影响其损害其偿债能力。

通常来讲，企业层面的美元融资风险可以通过对冲和维持谨慎的资本和流动性缓冲来管理。但是这些措施对于应对系统性风险还不够。由于美元融资市场的复杂度和关联性，来自某个融资个体的风险通常会通过融资网络来传导，导致冲击放大并对整体美元融资市场产生影响。在面临冲击时金融机构通常会暂缓其他融资借贷行为，这也会使得冲击传导到国内经济。美元融资市场的参与者所面临的冲击也可能是由不同风险构成的。例如，美国货币政策收紧或者全球风险资产下跌，市场避险情绪上升，这些冲击通常会导致美元升值、全球风险资产需求下降和跨境融资收缩。对于难以对冲风险的美元融资机构，美元升值通常会使得融资、汇率和利率风险同时出现。反过来，出现美元贬值，那些没有对冲的美元融资机构也将面临美元资产价值损失，从而导致无序的资产抛售。

### 4. 美元融资的脆弱性

美元融资的脆弱性一方面来源于美元融资市场的参与者所面临的

流动性、期限、货币和信用相关的金融风险，另一方面是全球金融市场下美元融资会涉及多个区域的实体。全球美元融资市场中最特殊之处来自世界各地参与美元融资市场的非美实体。这些参与者在美元融资市场中难以获得稳定的美元融资，也难以在危机时期获得中央银行的资金支持。由于缺乏稳定的美元融资，投资者和金融中介机构通常使用短期批发美元融资市场来获得资金。这些融资行为通常会导致流动性和展期风险。如果美元借款人所获得的现金流是以非美货币计价，这类借款人容易受到汇率和利率变化的影响，这可能会损害其偿债能力。企业层面的美元融资风险可以通过对冲、维护审慎的资本和流动性缓冲来对冲，但是却难以减少系统性风险。

从系统性风险的角度，我们需要关注重要金融市场的风险组合和集中程度以及融资市场中的重要参与者的风险。美元融资市场的复杂性和关联性通常意味着对市场中某一部门和机构的冲击能够通过整个网络传播扩大并对美元资金的供应产生重大影响。在面对这类冲击时，金融机构通常会减少其他融资行为来应对美元融资冲击，这将会对国内市场产生影响。另一类导致系统性风险的因素来自美元融资市场的参与者可能会面临的外部冲击的汇合，例如美国货币政策相对其他国家收紧，美国金融条件收紧或者全球风险规避上升，这类冲击会导致美元走强，减少风险承担和跨境资本流动收缩。对于那些未对冲风险的非美借款人，这类风险会导致再融资、货币和利率风险同时出现。反过来，如果其他冲击导致美元贬值，这会导致未对冲风险的非美投资者所持有的美元资产价值下降，进而有可能导致无序的资产出售。

美元融资市场的有限信息披露也可能导致美元融资市场的系统性风险。有限信息披露有可能导致我们无法更好地了解市场参与者的风险。通常来讲，监管机构无法获取市场参与者货币风险的相关信息，也难以获得其所承担的流动性、利率和偿付能力风险。

（1）银行

向非美银行提供批发美元融资会带来结构性风险。同存款融资相比，批发美元融资所获取的资金通常是短期的，并且有很大的波动。这类融资在市场出现风险时会产生展期风险。如果这类融资是用于持有非流动性的资产，那么会加剧非美银行的脆弱性。当融资压力加大，银行可能会被强迫出售非流动性的美元资产，可能会对银行的偿付能力产生影响并对持有相同资产的投资者产生影响。

从国际金融危机之后非美银行在美元融资市场中所承担的融资和流动性风险逐渐减少。2007—2008 年国际金融危机对金融业的冲击证实了银行所采用的批发融资模式的脆弱性。银行通过短期融资获取资金来持有长期资产具有很大的风险。国际金融危机之后对于金融业的监管减少了银行的融资风险。《巴塞尔协议Ⅲ》的监管模式加强了融资和流动性风险的管理。《巴塞尔协议Ⅲ》主要要求银行从不同货币层面来管理融资和流动性风险。同时，国际金融危机之后银行也相应地调整了其在美元融资市场的模式。美元融资市场下银行融资模式的脆弱性主要有三方面因素：融资来源的分散化、美元资产的投资和美元市场的中介。数据显示，更大更多元化的银行往往比规模较小的银行持有更高的流动性缓冲。此外，银行也通过持有高质量和高流动性的美元资产来减弱美元融资市场的冲击。这些趋势都显示美元融资市场中的银行风险管控有很大的进展，但是融资市场压力仍旧是市场参与者关注的主要风险。

（2）非银行金融机构

美元融资市场的发展也使得非银行金融机构在美元融资市场中扮演重要的角色。这类机构在美元融资市场上主要涉及债券融资和资产管理。这一发展使得美元融资市场变得更加以市场为基础，结构也更加简单和透明。但是这类金融机构的有限数据披露也加强了其在美元融资市场上的脆弱性。

非银行金融机构的脆弱性主要来自汇率风险。这些机构通常主要投资于以美元计价的长期资产。如果这些资产难以获得美元负债的支持或者没有对冲汇率风险的措施，非银行金融机构会面临显著的汇率风险。常见的对冲措施包括通过短期外汇掉期合约，但是这也是展期、交易对手和市场风险的来源。如果非银行金融机构难以对其短期外汇掉期合约展期，非银行金融机构需要其他来源的资金，例如，美元回购市场或无担保资金市场。这些不同的资金来源会导致其所持资产和负债发生不同程度的货币错配。如果非银行金融机构无法在短期获得美元融资和对冲货币风险，这些机构可能会出售美元资产。如果美元融资市场出现系统性风险，非银行金融机构可能会甩卖资产。非银行金融机构在美元融资市场上的信息披露相对有限，尤其是关于其货币错配和其所使用融资工具的信息。有限的信息披露通常会导致难以评估非银行金融机构脆弱性对整个美元融资市场的影响。

（3）非金融企业

历史经验显示大量的美元融资和货币敞口会加大非美借款人的风险。尤其是在新兴市场经济体，非金融企业杠杆过高，同时面临利率和再融资风险。货币敞口会增加非金融企业的脆弱性，同时影响其偿付能力。新兴市场国家企业的脆弱性能够通过长期债券融资减弱，但是杠杆率过高的行业，例如房地产、能源和公用事业部门，脆弱性仍然很高。

非金融企业通过债券融资的货币风险能够通过外汇衍生品、美元计价资产和美元收入来对冲和抵消。对于非金融企业货币风险通常只能通过企业的财务报告来确定。信息披露是评估非金融企业的货币风险的重要因素。很多债券和银行贷款并不通过财务报告披露。此外，财务报告通常也没有包括详细的融资货币信息和对冲信息。因此增加信息披露是事前评估非金融企业脆弱性的重要措施。

（三）美元和全球金融周期

布雷顿森林体系崩溃以来，国际金融格局发生了巨大的变化，金融全球化迅速影响世界金融系统。各国都同时受到全球金融化的影响。在国际贸易和金融持续自由化的背景下，各国金融市场的联系变得更加紧密和更加重要，尤其是对发展中国家而言。

由于美元在世界贸易和资产交易中的核心地位，美国货币政策冲击的跨境传导和金融全球化对各国国内金融市场的影响使跨境资金流动和资产购买变得越来越普遍。美国货币政策对于全球影响渠道主要源于以下事实，即新兴市场国家的许多借款人，包括银行和公司，都以美元计价大量借款，即使在与非美国贷方打交道时也是如此。通过美元借款使得新兴市场国家的银行和公司能够进入更大、流动性更强的全球信贷市场，同时保护贷方免受当地货币汇率意外波动的影响。大量债务都以美元计价，这会使得美国货币政策在国际上的影响比其他情况下更大。

美联储通过发行美元影响全球金融周期，尤其是影响了金融机构的资产负债表和风险偏好。货币政策冲击所带来的风险资产价格波动也会通过银行系统影响各国国内金融市场的信贷和杠杆状况。本部分主要讨论由于美元在国际货币体系中的霸权地位所导致的全球金融周期。

全球金融周期背后的主要机制是来自货币政策国际间传导。在古典的分析框架下，由于产出在短期是由需求决定，货币政策可以通过刺激总消费和投资来影响产出。如果考虑金融市场摩擦，货币政策扩张通常会导致借款人的净资产增加，无论是金融中介机构和企业，最终都会导致借贷上升。此外，货币政策放松导致金融中介杠杆限制放松，风险偏好上升也能推动借贷上升（Bruno and Shin，2015；Coimbra and Rey，2017）。相对这些传统货币政策传导，货币政策在国际间的传导主要是通过金融中介和资产价格。由于美元在国际货币体系中的霸权地位，美国货币政策在国际间的传导机制是影响全球金融周期的重要因素。具体来讲，由于美元是金融中介的重要融资货币和大量金融资产的计价货币，美国货币政策主要通过风险资产的价格变化、全球信贷创造、资本流动和金融中介杠杆影响全球金融周期。

如何理解全球金融周期内在机制是分析美元在全球金融周期中所扮演角色的关键。Rey（2018）通过对不同资产类别分解并按照不同地区加总，发现不同地区的资本流入呈很强的正相关性，即世界不同地区的资本流入有很强的共性。全球因素可能是决定国际资本流动的主要因素。此外，资本流动也同波动率指数（VIX）紧密相关，波动率指数通常可以衡量风险规避和未来市场波动。信贷增长和杠杆与波动率指数呈负相关（Passari and Rey，2015）。在"风险偏好"时期，金融资本流入新兴市场国家，导致风险资产价格上涨，信贷增长加快，起到更大的杠杆作用。在高波动性的"风险规避"时期，这一过程可能会急剧逆转，对经济和金融产生不利影响。大量事实都显示可能存在全球因素解释全球金融周期。Miranda-Agrippino and Rey（2015）利用全球风险资产价格截面数据，发现25%—30%的风险资产波动能够被单一全球因素解释。此外，风险资产价格中反映的全球因素同波动率指数呈负相关。这些变量之间显著的联动关系刻画了全球金融周期。

全球金融周期的机制同金融业的特点有关。金融业同其他传统行业不同，在金融业中从供给到价格的反馈机制效果较差。在传统行业中，供应扩张带来价格下行压力，挤压利润空间，减少投资并鼓励企业退出行业。在金融部门，信贷供给上升带来利率下降。这将推升资产价格并加强资金借入者和金融中介的资产负债表。资产价格上升会带来杠杆提升和信贷扩张，从而将进一步推动信贷上升。此外，全球金融周期也同美元在国际货币体系中的主导地位和美元融资有关。首先，当非美金融机构借入美元，由于美国和世界经济增长预期变化和全球风险规避变化所导致的美元利率的改变，会对金融机构的美元融资产生重要影响。其次，美元主导下的金融全球化导致全球金融市场参与者的行为更加同步。大量国际投资者和借款人都有大量资产同美元相关，在面对美元利率冲击时其资产组合会对冲击做出相似的反应，这将加大整体资产价格的波动。

由于投资者所持美元相关资产很类似，外部冲击会导致风险上升。例如，美元融资中介机构由于自身风险，可能会被迫减少市场中的美元融资。由于美元融资的下降，市场中的非美投资者可能在短期出售美元资产。类似地，美元债券市场中的降级也可能会提高出于业务或监管原因而被迫抛售资产的风险。这类资产抛售通常会传导到市场其他部门和个体。

来自全球市场风险规避上升的冲击也会加大风险资产波动。通常来讲，风险规避上升会带来更强的美元汇率、跨境资本流动收缩和美元国债需求的上升。投资者风险规避的上升会对美国本土和那些借入美元债务的非美借款者带来显著的影响。尤其是那些没有对冲美元风险的借入者所受到的影响更大。面对这种冲击，美元借入者要面对以国内货币计价的美元负债的上升，美元融资利率的上升和美元供给的紧缩，还有全球经济活动的下滑。在这一背景下，任何面对美元利率的反周期政策调节都难以完全抵消来自国际信贷和全球经济活动紧缩的负面效果。大量研究显示没有对冲美元风险的融资通常会带来新兴市场国家的银行危机。

在这一系列的冲击传导中，最初的冲击主要来自货币政策。Miranda-Agrippino and Rey（2015）发现美联储的货币政策是推动全球金融周期的动力。由于美元是最重要的融资货币，金融中介利用短期美元信贷和发行浮动利率美元债务。因此，美国的货币政策带来了直接的现金流影响。由于大量资产都是以美元定价或同美元挂钩，美国的货币政策会影响金融机构、家庭、企业的资产净值及其通过抵押的借款能力。美联储实施宽松政策后往往会带来更大的风险偏好，反之亦然。国际投资者的情绪会受到美元流动性的变化而大幅波动。在追逐风险的时期，金融资本大幅度跨境流动，导致风险资产价格和杠杆同时上升；而在避险时期，这一过程会迅速逆转。

不论国内经济周期如何变化，全球金融周期也会直接影响国内中介机构、银行或非银行机构的融资情况。通常来讲，相对美元采用固定和浮动汇率的国家更容易受到影响。采用浮动汇率能够获得一定的自由度，但是难以抵消国外金融条件对于国内经济的影响。因此，在大规模资本流动的环境下，蒙代尔三重困境（Trilemma）转化为二重困境（Dilemma）。采用浮动汇率和盯住通胀的货币政策，不足以隔离国内经济免受全球金融周期的影响并允许独立的货币政策。Obstfeld and Taylor（2017）指出浮动汇率制度并不是没有作用，浮动汇率仍旧能帮助国家在面临宏观冲击下进行外部调整。但是这并不意味着浮动汇率能够隔离本国经济免受全球融资条件的影响。

全球金融周期通常会影响银行和非银行金融机构的风险价值测度。这通常导致信贷和投资组合资本流入的顺周期性，并加剧整个系统的金融脆弱性。全球金融周期和本国经济条件决定了本国的金融条件。尽管某些危机是国内自发产生的，但是国家间的危机存在相关性。Reinhart and Rogoff（2009）发现这类不同国家的危机也经常同时产生。此外，全球金融周期对于不同机构的风险价值测度影响也不同。Coimbra and Rey（2018）发现信贷上升时期银行杠杆分布的偏度会上升。那些敢于承担风险的金融机构通常有很大的尾部风险，并在资产负债表中集中了大量宏观风险。全球金融周期通常伴随资本流入的上升下降和资产价格的暴涨暴跌。因此，全球金融周期所驱动的信贷扩张，通常也会带来危机并导致信贷损失。而过量的信贷增长通常能够预测未来危机的发生（Gourinchas and Obstfeld，2012）。

### （四）亚洲金融危机案例

亚洲金融危机是由货币汇率崩溃和热钱泡沫引发的危机。它于1997年7月在泰国开始，席卷东亚和东南亚。亚洲金融危机严重损害了许多东亚和东南亚国家的货币、股票市场和其他资产价格。

亚洲金融危机的成因较为复杂且有大量争议。其中一个主要原因是跨境资本泡沫的破灭。20世纪80年代末90年代初，泰国、新加坡、马来西亚、印度尼西亚、韩国等东南亚国家的国内生产总值实现了 8%—12% 的增长。亚洲国家国内生产总值的快速提升被称为"亚洲经济奇迹"。但是，经济的快速增长蕴含着巨大的风险。

亚洲国家经济快速发展的主要推动力主要来自出口增长和外国投资流入。这些国家通常保持了高利率水平，同时汇率制度保持货币同美元挂钩，来吸引外国资本。由于汇率同美元，美元汇率贬值有利于亚洲国家出口。但是，资本市场和企业都面临严重的汇率风险。

20 世纪 90 年代中期，伴随美国经济从衰退中复苏，美联储提高利率来对抗通胀对经济的影响。较高的利率导致资本回流美国市场，从而导致美元升值。由于当时亚洲国家货币普遍同美元挂钩，美元升值导致了亚洲国家货币升值，从而使得亚洲的出口受到负面影响。在出口下降和资本流入放缓的情况下，前期由于大量信贷杠杆所推动的资产价格开始暴跌。资产价格暴跌也导致大量外国投资者退出其在亚洲的投资。

大量资本外流对亚洲国家货币造成贬值压力。泰国政府为了支撑泰铢汇率耗尽外汇储备，最终迫使泰铢自由浮动。因此，泰铢汇率开始大幅下跌。不久之后，其他亚洲国家也发生了同样的货币大幅贬值。

（五）对中国的影响

产品市场的开放和金融市场的逐渐放开使中国也自然会受到全球金融周期的影响。在之前的讨论中，我们可以看到全球金融周期会同时影响全球风险厌恶度、资本流向和资产价格。本部分我们简要讨论全球金融周期对中国的影响。由于中国非银企业在美元融资市场上扮演越来越重要的角色，全球金融周期对中国经济的传导可以通过非银企业的脆弱性进一步加强。

由于美国经济在推动全球金融周期方面的重要性，我们简要讨论美国和中国金融条件指数之间的关系。金融条件指数主要从宏观金融变量中加总信息来反映各国当前宏观金融环境。IMF 所计算的金融条件指数主要考虑了利率、房价、企业估值和外部融资成本等相关信息。

中国与美国金融条件的同步程度总体上是随着时间的推移而变化，这也反映了货币政策立场的差异。图 5-8 显示了中国、美国和欧洲从 2008—2021 年的金融条件指数。就美国而言，图 5-8 显示了三个金融条件收紧的时期。第一次发生在国际金融危机时期。第二次，从 2014 年年中到 2016 年年初，主要是受到美元升值影响。第三次，金融条件收紧主要受到新冠肺炎疫情的影响。就欧洲而言，金融条件收紧主要有三个时期，其中 2011 年金融条件收紧主要是受欧洲债务危机影响。就中国而言，金融条件的主要收紧时期为 2010—2011 年。国际金融危机之后，受到财政和货币政策的双重刺激，物价与资产价格飞涨，刺激政策在 2010—2011 年间逐步退出，中国人民银行提高存款准备金率并提高存贷款基准利率紧缩金融条件。

整体而言，我们可以看到中国金融条件很大程度上独立于全球金融周期的变化。这主要归功于货币政策对于资产收益和经济刺激的引导能力。但是，我们也需要注意美国货币政策推动的国际金融危机仍会对中国经济产生影响。中国银行和企业进行美元融资或参与非美金

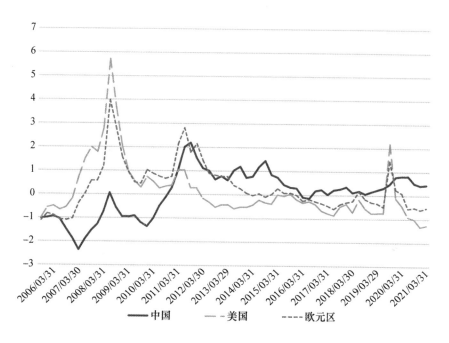

**图5-8 中国、美国和欧元区的金融条件指数**

资料来源：IMF。

融机构的融资交易，都会带来显著的风险。通过美元借款使银行和公司能够获得更大、流动性更强的全球信贷资金，同时能够免受本国货币汇率波动的影响。如果大量融资都以美元形式存在，美联储货币政策就会产生显著的国际影响。例如，如果美联储收紧政策，美元意外大幅升值，那么最初看似廉价的美元贷款在事后可能会变得非常昂贵，因为它们必须以美元偿还。更高的实际债务负担会给企业资产负债表带来压力，这可能导致他们减少贷款和投资。面对美元货币政策冲击，我们需要对于美元融资行为进行监管，保证融资方不会过度暴露在美元升值的风险中。

（六）应对全球金融周期的政策

资本流入、杠杆、信贷增长和资产价格大致同步变化。这些变量也同波动率指数有很强相关性。全球金融周期所导致的资本流入、杠杆和信贷增长很有可能会对国家的经济表现带来负面影响。从温和的资产价格上升到资产价格泡沫和过度信贷创造被确定为金融危机的最佳预测指标之一。在全球金融周期中，货币条件会通过信贷流量和杠杆从金融中心传导到世界其他国家，不论国家选择浮动汇率还是固定汇率。当资本能够自由流动，国家所采用浮动汇率机制难以保护国家免受全球金融周期的影响。当且仅当资本流动能够被直接或间接管理时，独立自主的货币政策才能够实施，无论采用何种汇率政策。这一结果意味着总资本流，尤其是信贷流对于金融稳定极其重要，政府需要对信贷流进行监控。通过监控总资本流和跨境资本头寸，我们可以跟踪资产中货币和到期日不匹配的状况，而货币和到期日不匹配是影响金融稳定的重要因素（Farhi et al.，2012）。

面对全球金融周期，美国和非美国政策制定者都承担着使国际金融体系更好运作的关键责任。新兴市场国家的政策制定者也需要根据全球金融周期相应地调整政策。新兴市场国家对全球金融发展的敏感性差异很大，而这些差异通常与政策差异有关，包括宏观经济、结构、监管和汇率政策。新兴市场国家的政策选择可以提高其经济和金融弹性来避免自身危机产生，同时也有助于增强全球稳定。这些措施涉及升级金融监管和监督，加强市场基础设施建设，并采取审慎的宏观经济（货币和财政）政策。如果相应机构和监管机制不完善，快速的金融自由化对新兴市场经济体来说可能是相当危险的。例如，允许银行不受限制地进入国际市场进行短期融资应该在有效的银行监管发展之后而不是之前。同时，美国政策制定者需要支持和配合国际政策协调，特别是在金融监管和监督方面。美国也应该与其他国家密切合作，建立国际规则，并根据需要共享监管信息。

通常政府可以通过以下政策来减弱全球金融周期对经济的影响并增加金融稳定性。第一，调整全球金融周期的驱动力，通过引导美联储和其他重要央行的货币政策来调整全球金融周期；第二，周期性地管理全球金融周期的传导机制，例如通过宏观审慎政策在周期上行阶段限制信贷增长和杠杆率，在周期下行阶段推动信贷增长和杠杆率；第三，结构性地管理传导机制，例如对金融机构实施更加严格的杠杆管理措施；第四，实施有目标的资本管控。

### 1. 央行货币政策协调

由于全球重要央行的货币政策是全球金融周期的驱动力，通过调整重要央行的货币政策可以减弱全球金融周期对经济的影响。例如，美联储的货币政策可以通过金融机构的跨境信贷流和杠杆传导到其他经济体。这些重要央行的货币政策对于其他经济体的溢出效应难以消除。这些重要的央行需要关注其集体政策导向及其对世界其他国家的影响。通过评估其货币政策对全球流动性、杠杆和汇率的影响，这些重要央行可以通过调整货币政策来减弱全球金融周期对世界经济的影响。但是，央行试图减弱全球金融周期的溢出效应可能会同央行的国内目标矛盾。重要央行对于国内总需求的管理也相当重要，会对世界其他国家有显著影响。全球金融稳定、国内经济活动和通货膨胀目标可能在中短期相互矛盾。

通常来讲，在全球背景下，金融稳定风险对货币政策造成的权衡与政策制定者在国内面临的权衡非常相似。货币政策通常不应该由于金融稳定而偏离其通胀和就业目标。在大多数情况下，货币政策过于简单，无法达到稳定金融的目的。它不能针对某些类别的金融资产而不针对其他类别，也不能只针对金融市场而不针对实体经济。同时，由于货币政策对于金融稳定影响的相关研究不足。货币政策对于如何对金融稳定风险产生影响并不明确。即使在某些情况下，货币政策会对金融稳定带来影响，货币政策对于金融稳定的影响有可能会偏离产出、就业和通胀的目标。中央银行通过货币政策来控制资产价格，通常意味着放弃管理国内产出、就业和通胀的自由度。因此，直接针对金融稳定的政策，例如金融监管和所谓的宏观审慎政策应该是我们维护金融稳定的最重要的工具。发达国家和发展中国家都需要通过这些工具来积极维持金融稳定。

### 2. 资本管控

资本管控可以隔离经济，使其免受全球金融周期的影响。通常，资本管控包含永久性和暂时性两类。永久性管控可以应用于某些资产类别的流入和流出。当前使用永久资本管控的国家只限于某些低收入国家，很难评估永久性管控对于金融稳定的作用和其所带来的负面效果。临时控制可以用于控制处于景气周期中的信贷流和投资组合。这一政策已经被很多国家使用过，例如，智利在1991—1998年间通过采用资本管控政策来减少来自外国的投资，巴西在2008—2011年间对外国资本交易征税进行资本管控。通常来讲，这类资本管控主要是防止本国汇率过度升值。当大量资本流入，所导致的汇率升值会影响出口部门。中央银行会通过积累外汇储备来干预外汇市场，保持汇率低估。但是，中央银行会面临更高的通胀和冲销成本之间的权衡，同时利率的上升也会进一步加剧资本流入。如果能够对资本有效地征税，通常能够避免资本大规模流入。但是，资本临时管控的有效性和副作用也存在很多争议。过度信贷增长可能是资本管控最应该解决的问题。资本管制应更多地被视为宏观审慎工具的部分替代品。宏观审慎工具的目标更有针对性。如果存在大量直接跨境信贷而且这些资本能够规避银行系统，那么资本管制能够有效解决这类问题。

### 3. 宏观审慎工具

宽松的全球金融条件所带来的最危险的结果是信贷的快速上升。因此，可行的政策是密切监控不同市场下的信贷增长和杠杆。当前大量的政策都集中于宏观审慎工具来实现这一目标。国际清算银行所制定的《巴塞尔协议Ⅲ》可以在景气时期促使银行保持更多的反周期资本缓冲。贷款价值比和债务收入比可用来限制贷款和控制房地产价格。政府也试图在信贷快速增长时期监控借贷标准和不同的资产交易。最近十年来，各国政府都积累了大量经验使用宏观审慎工具来管理经济。这些经验和知识对于未来的宏观审慎工具选择起到重要的作用。

### 4. 冲击传导管理

全球金融周期的传导机制主要是由金融中介完成的。银行和非银行机构在全球金融周期的宽松期增加信贷和杠杆从而导致全球金融周期对经济产生影响。由于融资成本对信贷产生显著的影响，政府不仅需要密切监控信贷增长的周期行为，而且在经济景气周期减弱金融机构发放信贷的能力。当前最为直接的政策工具是政府通过杠杆率来调整金融机构发放信贷的能力。杠杆率上限的设定可以使金融机构减少对于金融周期的反馈。通过严格的杠杆率限制，可以以较少的成本减少宏观审慎工具所导致的政策错误。

# 第六章

# 布雷顿森林体系解体之后的国际政策协调

本章探讨布雷顿森林体系之后的国际政策协调问题。我们分四部分展开讨论。第一节对布雷顿森林体系之后主要经济金融变量的全球联动进行量化分析，梳理关于全球经济和金融周期联动的典型事实。第二节简要回顾布雷顿森林体系之后各国货币体制的演变。这些货币体制构成了国际经济政策协调的重要环境因素。在对这些环境因素进行简单描述与总结之后，我们在第三节总结布雷顿森林体系之后的国际经济政策协调。第四节在历史与现状分析的基础上总结出关于国际经济金融周期联动和政策协调的基本结论，并提出未来国际货币体系下国际经济政策协调的几个需要重点注意的问题。

（一）布雷顿森林体系之后主要经济金融变量的全球联动

本节考察布雷顿森林体系之后全球主要经济金融变量呈现的联动特征。具体而言，我们重点考察经济增长（用实际 GDP 增速度量）、通货膨胀（用 GDP 平减指数增速度量）和金融周期（用股票市值占 GDP 比重的变化率和对私人部门信贷占 GDP 比重的变化率度量）的跨国联动关系。我们用如下的简单模型测算经济增长、通货膨胀和金融周期的全球共同动态趋势，并检验各经济体经济增长、通货膨胀和金融周期是否显著地受到这个共同动态趋势的影响。

$$y_{it} = \alpha + \beta_t + \varepsilon_{it}$$

其中 $y_{it}$ 是第 $i$ 个经济体变量（实际 GDP 增速、通货膨胀率、股票市值占比变化率、对私人部门信贷占比变化率）在第 $t$ 年的取值，$\alpha$ 为常数项，反映基年（样本第一年）的全球平均经济增长、通货膨胀和金融发展水平，$\beta_t$ 为时间固定效应，反映全球共同动态趋势对经济增长、通货膨胀和金融周期的影响，$\varepsilon_{it}$ 反映影响经济增长、通货膨胀和金融周期的国别因素。我们用估计得到的 $\alpha + \beta_t$ 代表全球共同趋势。我们根据 Penn World Table 10.0 和 Global Financial Development Database 数据分别计算了实际 GDP 增速、通货膨胀率、股票市值占比变化率、对私人部门信贷占比变化率的全球共同动态趋势，作为本节分析的基础。[①] 用 Eberhardt and Teal（2010）提出的方法检验全球共同动态趋势对这些国别变量的平均影响。

### 1. 经济增长的全球联动

布雷顿森林体系之后，全球经济增长呈现出明显的联动趋势。实

---

① 在实证分析中，我们对原始数据进行 1% 的缩尾处理，以减少极端值的影响。这一处理并不影响分析的主要定性结论。

际 GDP 增长率的全球共同动态趋势对各国经济增长影响显著。平均而言，经济增长的全球共同动态趋势变化 1 个百分点，各国的实际 GDP 增长率上升 1.02 个百分点。这个影响在经济意义上和统计意义上都是十分显著的（Z 值为 11.68，p 值为 0）。

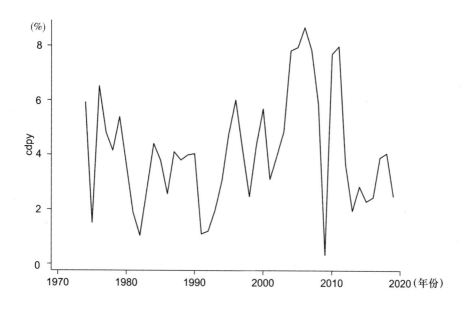

**图 6-1　全球经济增长共同动态趋势**

　　图 6-1 描述了经济增长的全球共同动态趋势（用 cdpy 表示）自 1974 年以来的变化。可以看到全球经济周期的几个主要的低谷发生在 1975 年、1982 年、1991 年、1998 年、2001 年、2009 年、2013 年、2019 年等几个年份。这些低谷和一些重要的全球经济事件联系在一起，如石油危机、海湾战争和苏东剧变、亚洲金融危机和 1998 年俄罗斯金融危机、新经济泡沫破灭和"9·11"恐怖袭击、

2013 年全球工业生产和贸易疲软（国家统计局①）、次贷危机等。而在 2019 年年末，世界经济学家调查（ifo World Economic Survey）显示全球经济学家对世界经济的信息处于阶段性低谷。

### 2. 通货膨胀的全球联动

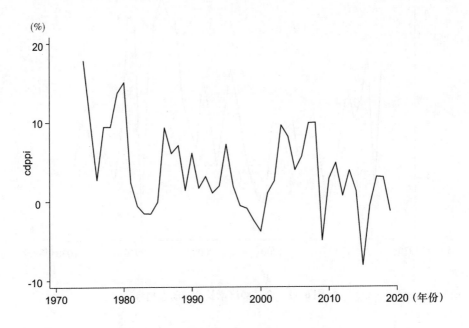

**图 6 - 2　全球通货膨胀共同动态趋势**

与经济增长类似，全球通货膨胀率也在布雷顿森林体系之后呈现出明显的共同动态趋势。图 6 - 2 描述了这一趋势（用 cdppi 表示）

---

① 2013 年世界经济回顾及 2014 年展望（stats. gov. cn）。

自 1974 年以来的变化。可以看到布雷顿森林体系之后，由于名义锚的缺失，加之两次石油危机的影响，20 世纪 70 年代后期全球通货膨胀率极高。20 世纪 80 年代初开始，全球通胀率呈现出下降趋势。到 2000 年以后全球通胀趋势又再次上升。在 2008 年国际金融危机的影响下，通胀趋势出现短暂反转，之后又有所上涨，但仍然低于 21 世纪第一个 10 年的水平。

全球通货膨胀率的这一动态趋势对各国通货膨胀率有较为显著的影响。平均而言，全球通货膨胀共同动态趋势每上升 1 个百分点，各国通货膨胀水平上升 1.03 个百分点。这个影响在经济意义上和统计意义上都是十分显著的（Z 值为 23.34，p 值为 0）。

### 3. 金融周期的全球联动

全球金融周期也呈现出明显的共同动态趋势。图 6 - 3 和图 6 - 4 分别描绘了全球股票市值（占 GDP 的比重）变化共同动态趋势和全球对私人部门信贷（占 GDP 的比重）变化共同动态趋势。可以看到资本市场规模变化和信贷规模变化的全球共同趋势并不完全一致。股市规模趋势的主要峰值出现在 1986 年、1993 年、2003—2007 年，低谷出现在 2001 年、2008—2009 年、2011 年和 2015 年。而信贷规模趋势的主要峰值出现在 1997—1998 年和 2007 年，低谷出现在 1984 年、1991 年、1994 年、1999 年、2010 年、2017 年。

无论是股市周期还是信贷周期，其全球共同趋势都对各国的金融周期有显著影响。平均而言，全球股票市值变化率共同动态趋势每上

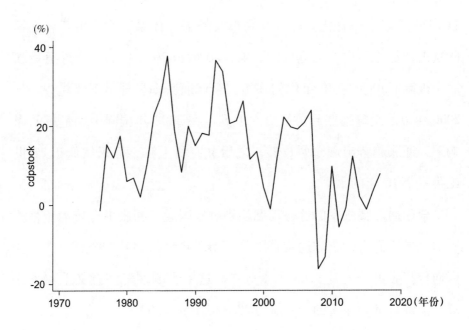

**图 6 - 3   全球股票市值（占 GDP 的比重）变化共同动态趋势**

升 1 个百分点，各国股票市值变化率上升 0.78 个百分点。平均而言，全球信贷增长率共同动态趋势每上升 1 个百分点，各国信贷增长率上升 1.03 个百分点。这些影响在经济意义上和统计意义上都是十分显著的（Z 值分别为 8.49 和 9.35，p 值分别为 0 和 0）。

本节的量化分析表明，无论是各国的经济周期还是金融周期都受到全球共同趋势的显著影响。换言之，各国的经济和金融周期具有明显的联动性。这种联动性可能是全球性经济金融冲击导致的，也可能是各国国内冲击跨国传导导致的。但无论是哪种原因导致的这种联动性，都意味着各国的经济政策可能有协调的必要。下面的两节分别探讨布雷顿森林体系之后作为国际政策协调重要环境因素的各国货币体

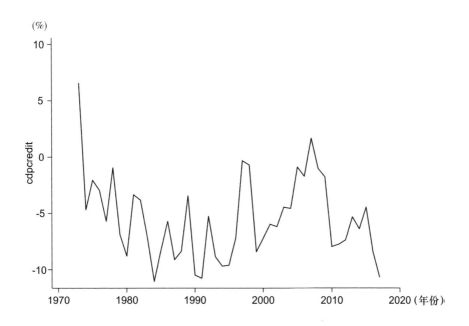

图 6 - 4　全球对私人部门信贷（占 GDP 比重）变化共同动态趋势

制的演变和国际政策协调本身的演变。

（二）布雷顿森林体系之后各国货币体制的演变

本小节的主题是讨论布雷顿森林体系之后的国际政策协调。由于各国的经济政策组合安排和货币体制选择有着密切的联系，本节重点论述布雷顿森林体系之后各国货币体制的演变。

**1. 大通胀时代与货币目标制的盛行**

从图 6 - 3 可以看到，20 世纪 70 年后期，全球通货膨胀水平很高，这被美国经济学家称作大通胀时代。因为高通货膨胀水平持续降低居民实际收入水平，对居民消费水平产生负面影响，严重阻碍了居民福利水平的提高，所以这一时期各国货币体制设计的主旨就是要控制通货膨胀。

主要资本主义国家德国、美国、英国等都选择了货币目标制。其中德国的货币目标制最具代表性，持续时间也较长。德国在 1974 年引入了货币目标制。德国央行用一个可持续的经济增长目标、一个可行的通胀目标和一个关于货币流通速度的判断，确定目标货币增长率。然后，根据实际货币增长率和目标货币增长率的差异调整利率。20 世纪 70 年代，德国货币目标制的实施效果很显著，远低于同期英美的通胀水平（Benati and Goodhart, 2011）。时任美联储主席沃尔克1979 年在美国引入了货币目标制。与德国央行类似，美联储用货币需求函数倒推一个可持续的经济增长和可行的通胀目标需要的货币总量，然后倒推银行体系需要多少准备金。美联储通过公开市场操作提供非借准备金基础，并确定法定准备金率。如果这个非借准备金基础无法满足银行体系的法定准备金和超额准备金需求，银行就需要去贴现窗口贴现，进而影响利率，达到影响经济增长和通货膨胀的目的。英国在撒切尔夫人任上推出了中期金融战略。这个战略本质上也是一个货币目标制度。它从 1980 年开始，逐年削减货币供应量以控制通货膨胀，1980—1981 年目标货币增长率区间为 7%—11%，1981—1982 年目标货币增长率区间为 6%—10%，1983—1984 年目标货币增长率区间为 4%—8%。Benati and Goodhart（2011）指出多数国家在

1979—1982 年都采用了货币目标制。而这种货币主义制度具有三个共同特征：其一，相信通胀和货币增长率在中长期的关系是稳定的；其二，假设货币流通速度相对稳定；其三，假设支出和货币的利率弹性能够支持所需要的政策传导。

### 2. 金融创新与货币目标制的退出

20 世纪 80 年代，金融创新使得货币的外延不断扩张，导致货币总量的测度和调控变得越来越困难。关键是，货币流通速度稳定的假设在主流国家受到了挑战。货币目标制在控制通货膨胀方面的效果逐渐减弱。美国转向了利率目标制，类似于泰勒规则（Benati and Goodhart，2011）。1982 年，拉美债务危机爆发，高利率和利率的大幅波动使得危机治理更加困难。这推动美国从货币目标制转向利率目标制。英国于 1982 年上调了货币供应量目标，在 1985 年暂停使用 M3 作为货币政策目标，1987 年由于 M3 和名义收入的关系越来越不稳定，退出了货币目标制。加拿大央行行长 Gerald Bouey 在 1983 年的一次讲话中指出"不是我们抛弃了货币目标，而是货币目标抛弃了我们"。

### 3. 后货币目标制时代的各国货币体制

各国纷纷退出货币目标制之后，通货膨胀的控制缺乏调控手段，主要资本主义国家在货币体制选择方面做出了不同方向的探索。一些国家转向了汇率目标制。一些欧洲国家选择了在区域内使用固定汇率制，这成为欧元区的前身。另外一些国家则转向了通胀目标制。接下来我们讨论汇率目标制、欧元区的货币体制和通胀目标制各自有什么特点。

（1）汇率目标制

许多国家在退出货币目标制之后失去了名义锚。一些国家选择将自己的货币盯住一些控制物价较好的国家的货币，比如美元和德国马克。1985—1989 年间，许多国家采用了汇率目标制（Benati and Goodhart，2011）。欧洲很多国家将货币盯住德国马克，形成了欧洲货币体系。在这个体系下，德国根据自身国家利益决定货币政策，而其他国家通过调整自身的货币政策来维持体系内汇率的稳定。这成为欧洲货币联盟——欧元区的前身。因此，和欧元区一样，它面临一个重要的问题，即体系内的经济体是否构成一个最优货币区？不仅如此，与后来的欧元区相比，体系内的固定汇率承诺可信度并不完美，投机者相信成员国会对是否坚持固定汇率做成本收益分析，在固定汇率的成本过高时，成员国会选择放弃盯住德国马克，进而导致汇率波动，而这对投机者来说是一个通过投机攻击赚取高额利润的机会。民主德国和联邦德国的统一，正好为投机者制造了这样一个场景。统一之后的大规模财政支出产生了大量财政赤字，政府担心由此引发通货膨胀。这促使德国央行提高利率。这一货币政策是从德国利益出发制定的。为了维持本国货币和马克的兑换比率，盯住德国马克的国家也需要提高利率。然而，在很多欧洲货币体系内的其他成员国，经济正面临衰退的威胁。加息会对经济雪上加霜。这种情况下就出现了货币政策国内目标和稳定汇率目标的冲突。投机者相信这些成员国最终会在经济增长目标和稳定汇率目标之间选择经济增长目标，因此，对这些成员国的货币进行了投机攻击，迫使英国和意大利在 1992 年退出了欧洲货币体系。1993 年欧洲汇率机制（Exchange Rate Mechanism，ERM）将汇率浮动范围扩大到 15%，使得 ERM 在短期内实质上变成了自由浮动的汇率制度（Benati and Goodhart，2011）。

（2）欧洲货币联盟

1991 年 12 月，在荷兰马斯特里赫特签订的《欧洲联盟条约》约定在欧洲建立经济与货币联盟。1999 年 1 月 1 日，欧洲货币联盟的 11 个成员国正式实行官方货币欧元。欧元区采用统一的货币政策。而欧元区统一的货币政策也需要有相应的货币政策制度。与同时期主要西方经济体不同，欧元区既没有像德国一样继续使用货币目标制，也没有像英国、新西兰、加拿大、澳大利亚等国家一样采用通胀目标制，而是采用了所谓的"双支柱"制度。首先，《欧洲联盟条约》规定欧洲中央银行的首要目标是稳定物价。1998 年，欧洲中央银行董事会解读这个目标是要在欧元区内，将消费者物价调和指数（HICP）的增长率控制在 2% 以下。2003 年，欧洲中央银行进一步解读物价稳定的目标是在中期保持通货膨胀率低于但是接近 2%。这一货币政策有两大支柱。第一个支柱是"货币分析"。欧洲中央银行设定货币总量 M3 的增长率参考指标为 4.5%，但同时强调这个指标并不是货币政策中介目标，只是用于通货膨胀分析。第二个支柱是"经济分析"。基于更广泛的指标判断物价的走势。这些指标包括各种缺口指标（如产出缺口）、成本指标、国家价格、汇率和其他资产价格等。

欧元区的货币政策策略是政治和理论的两种观点调和的产物。一方面，在欧洲货币联盟成立之前，作为联盟核心国家的德国采用了货币目标制，而英国等参与讨论的国家采用了通货膨胀目标制；另一方面，通货膨胀目标制下，货币政策关注预期通货膨胀率，而通胀预测可采用广泛的指标，这与"经济分析"的逻辑一致，但货币主义理论认为，在长期中货币总量是物价的关键决定因素，"货币分析"支柱的理论基础正是这一点。不仅如此，基于动态随机一般均衡（DSGE）模型的结构式计量模型与传统货币主义分析框架不容易调和在一起，因此，偏好货币主义理论的政策分析师将传统货币总量分析和基于DSGE模型的经济分析作为互补的分析框架。

围绕欧元区的"双支柱"制度有激烈的争论。第一个争论是关于其量化目标。由于欧洲中央银行在2003年对物价稳定量化目标的解读中，并没有明确解释接近2%的通胀目标的量化水平是多少，也没有对"中期"做明确的解读。这被认为不利于预期管理。也有人指责2%的通胀目标太低，容易使得部分成员国产生通货紧缩问题。这有多个可能的原因。一是因为HICP不考虑质量改进，也不考虑新产品，物价指数变化可能导致高估通胀。二是由于巴拉萨－萨缪尔森效应，部分高增长的国家低通胀可能意味着增长较慢的国家发生通货紧缩。三是欧洲的劳动力市场缺乏弹性。关于"双支柱"制度的第二个争论是"货币分析"单独存在的意义。Gerlach等人（2000）认为货币增长率的信息应该和其他经济金融信息一样被统一地用来预测通货膨胀，而货币政策则根据这个预测的通货膨胀率进行调整。因此，不应该有两个支柱，只要一个支柱就够了。

支持"双支柱"的观点主要认为：第一，货币分析在长期中对通胀预测效果较好，是短期经济分析的有益补充。第二，货币分析对经济分析的结果有复查的作用（Beck and Wieland，2007，2008）。Woodford（2008）强调了货币政策中介目标的可观测性。他指出通货膨胀与货币增长率的长期关系表明货币目标制可以实现长期通货膨胀目标，但并不代表我们只能通过货币目标制来实现长期通货膨胀目标。更直接的方法是采用通货膨胀目标制。直接监控通货膨胀而非货币增长率。在他看来央行监测通货膨胀率本身的能力是强于其监测货币增长率的能力的。类似地，货币分析的复查作用可能也是多余的。因为政策错误最后会反映到通货膨胀指标本身上来，所以监测通货膨胀本身是比监测货币增长率更直接地发现政策错误的方法。尽管争论激烈，但"双支柱"政策仍被保留下来。Fahr 等人（2013）指出，货币分析支柱对于降低金融危机对欧元区的影响发挥了积极作用。

对于成员国来说，欧元在本质上是一个成员国之间的固定汇率体制，对于欧元区货币体制的另外一个重要的讨论则是欧元区是不是一个最优货币区。欧洲货币联盟的作用包括降低交易成本、消除联盟内汇率风险和增加价格透明度。其代价主要是各成员国失去了独立的货币政策，而这一损失的经济成本受多种因素影响，如经济冲击的对称性、劳动力市场的弹性和一体化程度、作为替代方案的财政政策在应对不对称经济冲击方面的能力等。大量的实证研究认为欧元区并不是一个最优货币区。然而，对欧洲货币联盟的支持者认为其成本收益是内生的。更高水平的一体化可能会推动各成员国经济周期同步，降低不对称冲击的影响。

（3）通胀目标制

1988 年，新西兰率先引入了通货膨胀目标制（简称通胀目标制）。在这个制度下，政府制订通胀目标，央行按照目标调整货币政策工具。即央行具有工具独立性，而没有目标独立性。采用通胀目标制的主要国家有英国、澳大利亚、加拿大、瑞典等。通胀目标制一般有以下几个主要特征：一是有一个量化目标，这可能是一个目标区间（如新西兰），或者是目标水平加浮动区间（如加拿大），又或者是目标水平加非显性的浮动区间（如英国和挪威）。二是基于通胀预测决策。三是强调央行的透明度和可审计性。最后这一点在很多非通胀目标制国家也得到了推广。

与货币目标制相比，通胀目标制直接关注货币政策的最终目标，试图回避货币目标制面临的中介目标与最终目标相关性变弱的问题。同时，因为有明确的量化目标，并且强调透明度和可审计性，它有利于对公众进行预期管理。对 Kydland and Prescott（1977）和 Barro and Gorton（1983）提出的时间不一致性和通货膨胀偏倚问题做出了有效反应。Svensson（2011）强调通胀目标制通常具有灵活性。即它通常并不只强调控制通货膨胀，也关注稳定经济。因此，产出缺口和通货膨胀构成了央行的损失函数。央行的目标则是在约束条件下，最小化这个损失函数。

### 4. 国际金融危机后西方对货币体制的反思

21 世纪之初，由于全球经济周期的大缓和，通货膨胀和就业的波动达到第二次世界大战以后的低谷。主流经济学家认为宏观经济学已经很完备，且有效地熨平了经济周期。货币政策制度臻于完善。新凯恩斯主义宏观经济学家一个代表性的论断是央行的货币政策执行满足了所谓的泰勒原则，因此，可以有效地消除自我实现预言所产生的内生经济周期，这是经济周期缓和的主要原因。然而，接下来的经济表现对此论断提出了挑战。尤其是 2008 年国际金融危机引发了自经济大萧条以来最严重的全球性经济衰退。这引起了西方主流经济学家对货币体制的反思。其中一个最重要的问题就是，灵活的通胀目标制是不是最优的货币政策框架？货币政策对金融市场的关注是否严重不足？国际金融危机之前，主流的新凯恩斯主义宏观经济模型往往假设金融市场是完美的，或者对金融市场的扭曲做简化处理，假设不存在违约风险，且货币政策最终目标为稳定物价和充分就业。而灵活的通胀目标制下，经济分析基于这样的 DSGE 模型，货币政策也确实只将通货膨胀和产出缺口作为最终目标，这引起各界的质疑。一个争论的焦点就是金融变量是否应该进入货币政策的最终目标。早期的观点认为，金融市场价格只有在能够为改善通胀预测提供额外信息时有用。而货币政策最终目标应该是一般物价水平，而非金融价格。Bernanke and Gertler（2001）指出通货膨胀目标制能有效抑制资产价格泡沫。Korinek and Simsek（2016）认为紧缩性的货币政策对于抑制导致杠杆率的不断提升效果有限。这是因为货币收缩可能导致借贷者通过增加借贷的方式来平滑支出。Curdia and Woodford（2010）则指出最优货币政策应该关注信用息差。Smets（2014）对关于金融稳定和价格稳定的文献做了综述。他认为把金融稳定和价格稳定这两个目标都放到央行的最终目标区，会导致央行的可审计性的弱化，并产生时间不一致性问题。他建议仍然将物价稳定目标作为央行的主要关注点。

在货币政策安排上，各国都对央行的职能进行了改革，强化其宏观审慎监管的功能。美国通过了《多德－弗兰克法案》，建立了跨部门的金融稳定监督委员会（Financial Stability Oversight Council，FSOC）。明确规定美联储监管和监督控股公司。欧洲成立了欧洲系统风险委员会（European Systemic Risk Board，ESRB），负责对欧盟金融体系进行宏观审慎监管。其总理事会有表决票的成员包括欧洲中央银行的行长和副行长、成员国央行行长、欧盟委员会的一名成员、欧洲银行业管理局主席、欧洲保险和职业养老金管理局主席、欧洲证券和市场管理局主席等。欧洲中央银行直接监督参与国的 129 家重要银行。欧洲银行业管理局主席、欧洲保险和职业养老金管理局主席、欧洲证券和市场管理局主席协调各国的微观审慎监管当局，它们与欧洲中央银行在 ESRB 体系下共享信息。2012 年英国公布了《金融服务法案》，创建了一个新的金融服务监管框架。在英格兰银行下设立了审慎监管局，负责对银行、建筑协会、信用合作社、保险公司和主要投资公司的审慎监管。该机构为英国央行的全资子公司。英格兰银行还下设了一个金融政策委员会。法律要求金融政策委员会有责任识别、监控和采取行动，以消除或降低威胁英国金融体系整体弹性的风险。金融政策委员会可以向审慎监管局和金融行为监管局发出指示和建议。从美国、欧洲和英国来看，各国央行金融监管的职能在国际金融危机之后都加强了。这是危机后主流西方国家央行职能的一个重大变化。

### 5. 现行货币体制下货币政策与其他经济金融政策的关系

本节讨论现行货币体制下货币政策与其他经济金融政策的关系。与货币政策联系最紧密的经济金融政策有汇率政策和资本管制政策。根据"三元悖论"，货币政策、汇率政策和资本管制政策之间存在密切的联系。在资本自由流动的情况下，央行需要在汇率目标和国内经济目标，如通胀目标之间做出选择。这在国际金融的理论文献中有充分的讨论。在此不再赘述。

另外一个文献中讨论较多的是货币政策与财政政策的关系问题。Canzoneri et al.（2010）对此做出了很好的综述。Sargent and Wallace（1981）对于货币与财政政策协调的经典论述，考虑央行和财政部的决策先后问题。如果央行先行动，选择通胀的路径，则财政部需要根据央行的行动选择走财政盈余的路径。反之，如果财政部先行动，则央行控制通胀的能力将会受到限制。以 Leeper（1991）为代表的一系列研究在新凯恩斯主义的框架下，进一步讨论了财政和货币政策的关系问题。如果财政政策维持财政平衡，央行则可以通过满足泰勒原则的利率规则决定物价，消除多重均衡和内生经济周期。但如果财政部的收支政策不维持财政平衡，央行继续采用泰勒原则下的利率规则，经济将不存在唯一的均衡。此时，需要央行采用被动的货币政策，即利率对通胀的反应不敏感来配合财政政策。用 Leeper 的术语来说，财政和货币政策不能同时积极（active），也不能同时被动（passive）。

2008 年国际金融危机以后，出现了大量关于货币政策与金融监管政策关系的文献，其中一个重要的讨论是关于货币政策传导的风险承担渠道。货币政策可以通过影响金融机构的风险承担行为从而影响金融稳定，而显然金融监管的环境会影响金融机构风险承担行为对货币政策的反应。不仅如此，Stein（2012）指出货币政策本身就带有金融监管政策的属性。因此，在维持金融稳定方面，存在货币政策与金融监管政策的协调问题。

国际金融危机之后，财政政策的角色定位也有了新的变化。澳大利亚通过金融监督委员会将央行、审慎监管局、财政部和证券投资委员会协调起来。在德国，财政部主持金融稳定委员会，并在其中委派 3 名有投票权的成员。该委员会根据央行的分析，定期讨论对金融稳定有重要意义的事项，发布预警，建议风险防范措施。财政部和金融市场部，为联邦政府制定金融市场监管政策以及消费者保护条例。日本财政部监管政府金融机构，并与金融监管局一起监督存款保险公司和保险保单持有人公司，并负责制定破产金融机构有效解决制度的规划和决策，维护外汇市场稳定。金融监管局和财政部人员定期轮换。金融监管局、财政部和央行通过非正式会面交换意见。英国财政部有权就英国央行和审慎监管局的建议向部长们提供独立评估建议；与议会和公众进行沟通；影响欧盟、二十国集团和金融稳定委员会的金融监管谈判；监督新监管框架的有效性。财政部在金融政策委员会任命四名外部成员和一名无投票权代表。在美国，财政部是货币监理署和储蓄监督办公室下设机构的主要监管机构，对有关政府债券交易的法律法规的执行负有部分责任。财政部是金融稳定监督委员会的成员，并通过货币监理署成为联邦金融机构审查委员会的成员。财政部还负责起草并提交涉及金融部门的法律提案。

从前文分析可以看出，近年来，尤其是在国际金融危机之后，货币政策和汇率政策与其他政策的交互变得更加重要，备受关注。一国货币体制的选择，包括汇率制度的选择，是和金融监管政策以及财政政策安排联系在一起的。这些政策的最优安排会影响一国的物价稳定、经济稳定和金融稳定。

### （三）布雷顿森林体系之后国际政策协调的历史与现状

目前，各国采用了不同的货币体制，而与这些货币体制相配合的其他经济金融政策，包括金融监管政策、财政政策和资本管制政策也存在差异，使得这些政策的国际协调变得十分复杂。本小节系统梳理了目前货币政策、财政政策和金融监管政策的主要国际协调机制。

#### 1. 国际货币政策协调

布雷顿森林体系之后，许多国家采用了浮动汇率体制，金融开放程度也不断提高，这使得各国在货币政策制定和执行方面的自由度提升了。货币政策的协调变成一个问题。全球层面的货币政策协调通常以金融危机为契机（中国人民大学国际货币所，2018），各国央行采取联合行动以向市场提供流动性。Frankel（2016）认为国际政策协调在1987年达到顶峰，之后沉寂了30年。而在布雷顿森林体系崩溃之后到1987年间，发挥国际政策协调作用的主要机制是七国集团。Frankel提到了几个重要的政策协调。一是1978年的波恩峰会，七国集团领导人同意通过通胀来对抗经济衰退。二是1985年的"广场协议"，五国政府同意采取联合行动来调整美元汇率。三是1986年东京峰会，七国集团同意联合监控一些经济指标。四是1987年的卢浮宫协议，七国集团再度就美元汇率干预达成协议。G20财长和央行行长会议在1999年为应对东亚金融危机而出现。2008年和2009年G20领导人峰会为应对国际金融危机而召开。2010年，巴西央行行长提出各国的竞争性货币贬值行为引起了国际货币战争。为了避免货币战争，2013年七国集团领导人达成一致，同意克制对外汇市场的单边干预。但这一行动并不限制各国的扩张性货币政策对货币贬值的影响。部分评论人士对这一协议并不满意。一方面，这个协议对无协调的货币扩张没有限制；另一方面，对于违反约定的外汇市场干预没有提出类似于贸易制裁这样的惩罚措施。2013年，美联储释放的退出QE的信号引发了"缩减恐慌"（Taper Tantrum），再次引发市场关于货币政策协调的讨论。

　　然而，Frankel（2016）认为货币政策协调的必要性被夸大了。一方面是因为货币贬值对净出口的净效应并不确定，而且很多实证研究发现贬值对贸易余额的值影响较小；另一方面，在全球经济衰退的背景下，全球性的货币扩张对于走出衰退可能是有益的。这种情况下，各国先后采用量化宽松政策是一个好的政策场景，没有协调的必要。此外，Frankel（2016）还指出，如果在美国量化宽松的情况下，其他国家面临的是通胀问题，则美国货币政策导致的他国货币升值能抑制通胀。美国对其他国家"操纵"汇率的指控受到政治因素的影响。Frankel（2016）认为由于各个利益相关主体对于货币政策溢出效应的判断本身可能不同，加之利益冲突，国际协调的结果不一定是改善各国的经济状况，而是使结果变得更差。

### 2. 国际财政政策协调

Frankel（2016）指出各国在财政政策上的主要合作是联合性的财政扩张。典型的例子有 1978 年波恩峰会上 G7 的联合财政扩张决策和 2009 年伦敦 G20 峰会上提出的联合财政扩张决策。标准教科书般的结论是浮动汇率体制下，开放大国的扩张性财政政策有正向的溢出效应。但是在实践中，这一结论受到了挑战。一个竞争性的观点是财政扩张导致的赤字和利率上升，对全球经济的影响是负面的。因此，合作均衡应该是联合紧缩，而非扩张。Frankel（2016）认为《马斯特里赫特条约》和《稳定与增长公约》（SGP）对成员国财政赤字和债务水平的约束正是反映了这种观点。

尽管除了上述通过 G7、G20 和地区协议达成的主动财政政策协调并不频繁，但从实际结果来看，各国的财政政策却存在明显的共同动态趋势。我们用如下模型估计各国财政政策的共同动态趋势。

$$pb_{it} = \alpha_i + \beta_i \, d_{it} + \gamma_i \, Z_{it} + \delta_t + v_{it}$$

其中 $pb_{it}$ 为 $i$ 国在 $t$ 时间的财政主盈余占 GDP 的比重，$d_{it}$ 为 $i$ 国在 $t$ 时间的政府债务占 GDP 的比重，$Z_{it}$ 为控制变量，包括各国的实际 GDP 增速和政府债务融资成本，$\delta_t$ 为共同动态趋势，$v_{it}$ 为误差项。

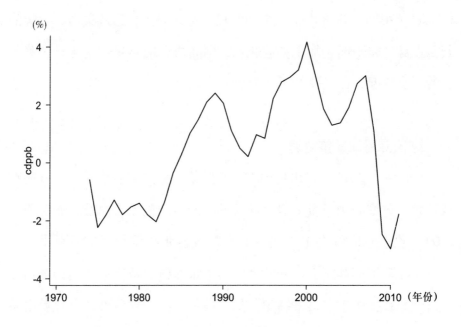

**图 6 - 5　全球财政政策的共同趋势（1974—2011）**

图 6 - 5 描述了全球财政政策的共同动态趋势①。这个共同动态趋

---

① 注：用 Mauro et al.（2015）的数据计算。

势在统计上是显著的不同于零的。事实上，各国主财政盈余对债务水平和实际财政融资成本的平均边际效应为零。这意味着自布雷顿森林体系崩溃之后，各国的财政政策总体上来说是偏积极的。财政主盈余并不主动根据债务水平进行调整。平均而言，各国财政政策主要由全球共同动态趋势和实际 GDP 增速的变化解释。财政政策的全球共同动态趋势变化 1 个百分点，各国的财政主盈余上涨 1.06 个百分点。实际 GDP 增速上涨 1 个百分点，各国财政主盈余上涨 0.11 个百分点。

平均而言，20 世纪 70 年代末 80 年代初和 2009—2011 年，全球财政政策共同趋势体现出赤字，而在这两个时期之间全球财政政策共同趋势体现出盈余。20 世纪 70 年代末 80 年代初和 2009—2011 年的全球性的赤字，正好反映了 Frankel（2016）指出的这两段时间的联合财政行动。然而 20 世纪 80 年代初到 2008 年期间的盈余的共同趋势并无财政协调的记录相对应。也就是说，即使没有财政协调，各国的财政政策也会呈现出高度的趋同性。

**3. 布雷顿森林体系前后国际金融监管政策协调变化及美国角色演变**

对于金融监管政策的国际协调由来已久。因为各国监管部门面临的一个共同问题是监管套利。其他条件一样的情况下，资本会流向监管更加宽松的经济体。

早期，美国对于战后世界的构想是希望建立一个取消国际货币流动限制的国际架构，从而为投资和贸易创造机会，布雷顿森林体系的逐步完善正好符合美国所希望的贸易自由。由于国际货币基金组织（IMF）的投票权与基金的认缴份额相关，美国在初始的认缴份额中排名第一。除了在 IMF 中拥有最大投票权，强大的经济实力同样帮助美国主导了 IMF 的国际事务。在布雷顿森林体系下，IMF 的最大作用就是维护各国之间的汇率稳定。

随着新兴国家的崛起，IMF 的构成份额也在发生变化，新兴国家在 IMF 的份额不断提升。2010 年 IMF 第十四次总检查之后，约 6% 的份额将向新兴市场和发展中国家转移，并且基本票数也增加至原来的三倍左右，提高了低收入国家的发言权和代表权。其中，中国份额占比升至 6.390%，除去美国和日本，中国成为第三大份额国，而美国依然位列第一（17.398%）①。

布雷顿森林体系之后，国际货币基金组织（IMF）仍然是金融监管协调方面的重要主体。一方面，IMF 和各国宏观审慎监管机构保持密切的沟通，并对全球金融风险进行动态追踪，它与世界银行联合推出了金融部门评估规划（Financial Sector Assessment Program，FSAP），监测各国金融系统的稳健性，其成员需定期发布《金融部门评估规划——关于宏观审慎政策框架的技术说明》，以披露宏观审慎政策的实施情况。另一方面，IMF 在金融危机治理方面仍然扮演着重要的角色。

---

① https：//www.imf.org/en/About/executive-board/members-quotas，IMF 官网，第十四次总检查配额情况表。

**表6-1　布雷顿森林体系瓦解前后 IMF 主要职能及美国在其地位的变化**

| IMF 主要职能 | 美国在 IMF 地位的变化 |
|---|---|
| 1971 年布雷顿森林体系瓦解前 | |
| 1. 维持"可调整的盯住汇率制度";<br><br>2. 对各成员的国际收支情况监督并提供支援;<br><br>3. 协助各成员间多边贸易发展并消除汇率管制 | 1. 在 IMF 享有主导地位;<br><br>2. 具有一票否决权 |
| 1971 年布雷顿森林体系瓦解后 | |
| 监测各国金融系统稳健性,金融危机治理 | 1. 所占份额下降,投票权相对降低,且投票通过的要求提高;<br><br>2. 新兴国家加入 IMF,新兴国家整体的投票权有所上升;<br><br>3. 中国所代表的新兴国家货币加入 SDR,相对削弱其货币国际结算主导地位 |

资料来源:笔者根据 IMF 相关文件整理得到。

国际清算银行(BIS)作为现代国际政策协调的雏形,它的成立一方面为了满足不断增长的中央银行间接合作需要,另一方面,美国需要利用这个机构将欧洲债务国清偿美国债务问题置于自己的监督之下。虽然第二次世界大战期间国际清算银行处境艰难,但在第二次世界大战后,它成为经济合作与发展组织成员国之间的结算机构,该行的宗旨也逐渐转变为促进各国中央银行之间的合作,为国际金融业务提供便利,这也促使更多的央行加入国际清算银行成为会员,商讨有关国际金融问题,协调有关国家的金融政策。但 BIS 和 IMF 一样,投票权与其认缴的股金份额成正比,比利时、德国、法国、英国、意大利和美国不仅投票权重高，其商界代表还可常任 BIS 理事。

布雷顿森林体系崩溃之后，BIS 致力于推动各国中央银行开展国际银行监管政策协调。BIS 与国际组织和各国领导人定期进行政策对话，就宏观审慎政策问题展开讨论。BIS 下的常设监督机构巴塞尔银行监管委员会通过《巴塞尔协议》为各国银行监管提供统一的国际标准。巴塞尔银行监管委员会成立了宏观审慎监管工作组（MPG），重点构建全球系统重要性金融机构监管框架，防范系统性风险。巴塞尔银行监管委员会还通过明确跨境银行监管职责分配标准，为跨境银行监管政策双边协调提供制度支持。由国际清算银行成员国的央行行长构成的全球金融系统委员会（CGFS），定期举行央行会议讨论金融稳定相关问题。

表 6-2　布雷顿森林体系瓦解前后 BIS 主要职能及美国在其地位的变化

| BIS 主要职能 | 美国在其地位的变化 |
| --- | --- |
| 1971 年布雷顿森林体系瓦解前 | |
| 1. 促进各国中央银行之间的合作；<br>2. 解决战争债务和战后赔款问题 | 在 BIS 占有较高投票权，享有主导地位 |
| 1971 年布雷顿森林体系瓦解后 | |
| 监测各国金融系统稳健性，金融危机治理 | 1. 所占份额下降，投票权相对降低；<br>2. 中国、印度等所代表的新兴国家加入 BIS，削弱了美国在国际金融监管政策协调问题上的地位，但在巴塞尔银行监管委员会中依然享有较高话语权 |

资料来源：笔者根据 BIS 相关文件整理得到。

与巴塞尔银行监管委员会类似，国际支付结算体系委员会（CPSS）、国际保险监督官协会（IAIS）和国际证监会组织（IOSCO）通过在行业内部发布国际性的监管准则与要求，推动金融监管政策协同。

七国集团（G7）是一个超国家、超集团、不局限于某一经济领域或某一地区、集团之内的国际协调机制，在20世纪七八十年代的国际协调中如遏制全球通货膨胀、促进国际金融体系稳定等金融监管政策协调方面起到重要作用，但以美国为首的七国集团当时在全球有着较为雄厚的经济实力，因此掌握着对议题的控制权，大部分金融监管政策的协调主要针对的是七国集团的关注话题，这种局面在二十国集团成立之后10年依然没有变化，直到2008年国际金融危机爆发大大削弱了七国集团的地位，二十国集团才有迅速成长空间。二十国集团通过推动国际经济与政策合作维护国际金融稳定，在其峰会上也会讨论金融稳定相关问题。

2009年的二十国集团伦敦峰会决定成立金融稳定委员会（FSB）。该委员会提供了信息交流与国际合作机制。其下常设的脆弱性评估委员会对成员定期进行资料调查，监测各成员金融体系的脆弱性。要求其成员提供本国或本地区的金融监管改革进展情况报告，并接受IMF、世界银行等国际组织和其他成员的监督与评估。通过构建监控协调框架确保成员金融改革的一致性。FSB还针对不合作的国家或地区采取反制措施。鼓励非成员参与金融监管政策改革。它强调对全球系统中重要的金融机构的监管，推动各国或地区签订特定机构跨境合作协议。它发布了《金融机构有效处置机制核心要素》和《中央对手方处置及处置计划指导》，以推动母国（地区）和东道国（地区）在全球系统重要性金融机构处置上的合作，保证中央对手方处置行动的国际一致性。

此外，上述国际组织还在监管所需基础数据方面展开合作，为金融监管水平的提升做好基础设施建设。

上述国际协调机制的历史和平台现状反映出一个重要的事实，目前国际经济政策协调重点是放在同类政策的跨境协调上，而暂未考虑不同类型的政策在一国内部的协调和配合问题。换言之，目前的国际经济政策协调的理论和实践考虑了同类政策的跨国溢出效应及其治理方案，但尚未考虑国内不同经济政策的溢出效应，对这些政策跨国溢出效应的影响，更没有考虑相关治理方案。这可能是未来政策研究和实践应该补充的一个重要领域。

（四）总结

**1. 主要结论**

全球经济和金融变量表现出显著的共同动态趋势。这提出一个问题：在这些共同动态趋势下，各国的经济周期和金融周期的治理对经济金融政策框架提出了什么要求？货币体制和其他经济金融政策的最优设计是什么？这些政策是否需要跨国协调？如果需要，应该如何协调？

在布雷顿森林体系之后，主要经济体采用了货币目标制作为货币政策制度，与之相应地，采用了浮动汇率制度。然而，货币流通速度或者说货币需求函数的结构变化使得货币目标制在稳定物价方面的作用逐渐减弱，导致了各主要经济体货币体制的转变。灵活的通货膨胀目标制、汇率目标制和欧元区的双支柱政策成为主流的货币政策框架。货币体制的多元化，使得全球经济金融政策的溢出效应复杂化。

2008 年国际金融危机之后，学术界和决策部门更加重视央行维持金融稳定的作用。在一国内部的财政、货币政策和金融监管政策的协调成为一个重要问题。因此，国际政策协调需要放在开放大国最优经济金融政策组合设计的框架下考虑，而不能像过去一样简单考虑单一政策的跨国协调问题。

目前，经济金融政策的跨国协调，无论是在理论研究还是在实践中，仍然是以单一政策协调为主要分析框架。目前这种分析范式的主要缺陷是忽略了单一政策对其他经济金融政策目标的国内和国际的溢出效应，因此，其政策实施结果可能和预期目标有较大出入，且难以杜绝政策套利问题。

全球货币政策协调的主要目的通常是联合对抗全球性的经济衰退或对国际收支失衡的联合调整。因此，全球货币政策协调一方面和经济周期的全球联动有关，另一方面和国际收支格局的变化有关。全球财政政策协调主要也是应对全球性的经济衰退，因此，也与经济周期的全球联动密切联系在一起。相对于财政货币政策协调，2008 年国际金融危机之后，全球的金融监管政策协调更加密切，这与金融周期的全球共同趋势有关。

全球金融监管政策协调的一个重要方面是统一监管标准。然而，"监管标准趋同性的边界在哪里"？这是一个值得进一步研究的问题。如果说各国的金融周期展现出明显的全球共同趋势是监管趋同的重要原因，那各国在金融发展阶段和经济金融结构上的差异性是否又为金融监管的国别差异提供了依据呢？换言之，在监管合作的同时，保持监管政策独立性的综合成本收益分析是未来金融监管政策研究的一个重要问题。

### 2. 未来展望

根据本章的分析，在未来国际货币体系下，各国的经济政策决策将面临三个不得不考虑的问题：

（1）一国内部最优货币政策的决策问题，需要充分考虑其与汇率政策、资本流动政策、财政政策、金融监管政策等多种经济政策的动态关系。

（2）经济周期与金融周期仍将受到全球共同趋势的显著影响。这意味着一国国内经济政策的实施效果将受到全球因素的影响。

（3）虽然美国在国际经济政策协调中仍将处于重要地位，但是其相对影响力的下降难以逆转，随着发展中国家整体影响力的上升，各经济体之间在国际协调中的机制设计问题会变得更加紧迫。

由于各国不同经济政策的目标不尽相同，经济政策决策受到政治因素影响的程度和方式也不尽相同，各国经济和金融周期也并非完全同步，第（1）个问题的复杂性，可能使得各国经济政策组合方式的异质性进一步加强。而这种异质性将对国际经济政策协调提出挑战。而第（2）个问题又可能使得经济政策国际协调被经常性地提上日程。国际货币政策改革进程中需要理论研究和政治智慧的共同支撑来解决这一两难的问题。

首先，理论研究需要充分考虑最优政策设计所面临的国内和国际政治约束，这才能使最优经济政策设计方案落地，同时解决或至少缓解国内经济政策的外部性问题。

其次，理论研究需要充分考虑不同国家的异质性。尽管各国经济和金融周期展现出了明显的共同趋势，但各国经济发展水平和金融发展水平仍具有显著差异。这些差异叠加社会环境、文化和政治差异可能会导致各国整体政策目标的差异。这意味着不同国家最优经济政策组合设计不仅面临不同的约束条件，也面临不同的目标。如果理论研究不能充分考虑这种差异，其对国际政策协调实践的指导将可能产生严重的误导。

最后，在对上述两个问题充分的理论研究基础上，国际政策协调还需要政治智慧、机制创新和平台创新。一方面，要改革和充分发挥现有国际政策协调平台的作用；另一方面，也需要不断探索新的政策协调平台和方式，促进国际货币体系向互利共赢的方向不断进步。

未来以中国为代表的发展中国家和新兴市场国家应该积极参与现有国际政策平台的改革。

（1）通过多种磋商机制，多渠道推动 IMF 治理结构改革，进一步提升发展中国家和新兴市场国家的话语权。系统总结发展中国家和新兴市场国家在经济金融政策方面的成功经验，以这些经验为指导参与提升 IMF 为各国经济结构调整、资本流动监管和宏观审慎监管等提供建议的质量和多样性，以适应不同发展水平经济体的需要。

（2）推动国际清算银行、FSB 等金融监管协调组织治理体系改革，提升发展中国家和新兴市场国家的话语权。从两个方面提升这些机构的政策协调功能。第一，在考虑监管趋同，降低政策不确定性，提升透明度，规避监管套利的同时，充分考虑不同经济体的发展水平以及政治、文化和社会环境的差异。以一般均衡的思维，把金融监管政策的协调和各国最优经济政策组合结合起来。第二，由于金融体系的关联性，应加强不同类型的监管政策协调组织的联动与沟通，以提升监管协调效率。

（3）充分发挥 G20 在国际货币体系改革中的作用，完善多国协调机制，在官方对话和沟通的同时，推动民间对话质与量的提升。

（4）强化区域性国际协调组织的作用，同步做好多边协调与区域协调。推动亚洲开发银行、亚洲基础设施投资银行、亚洲金融合作协会、金砖国家新开发银行等在区域经济金融政策协调方面发挥更加积极的作用。

（5）进一步发挥民间沟通的作用。促进各国行业协会、智库平台和高校等非政府间组织通过论坛等多种形式加强交流与沟通，促进各国先进经验的互补与融合，为政府间组织的协调提供良性补充。

在新平台探索和建设方面，应该充分考虑与现有平台的互补性，更多关注现有平台因为体制机制改革障碍和定位差异而难以解决的政策协调问题。未来除了前文所提及的货币政策、汇率政策、资本流动政策、财政政策、金融监管政策等过去的国际协调关注的经济金融政策外，还应充分考虑随着世界经济和金融形势的变化，为适应新经济金融格局而产生的各种新兴经济金融政策的协调问题，如低碳发展和绿色金融的相关政策的多边协调问题、中央银行数字货币发展过程中可能存在的支付体系建设、反洗钱等协调问题。

第七章

# 国际货币体系的演化趋势与
# 美元本位的主要矛盾

结合前文的分析，关于国际货币体系的演化趋势以及美元本位的主要矛盾，我们可以得到以下几点结论：

## （一）从金本位到布雷顿森林体系，再到牙买加体系和美元本位，是历史发展的必然，符合全球生产力的发展方向和要求

金本位制时期（1870—1914 年）——事实上，最早的金本位制是由英国在 1816 年建立的，但直到 1870 年前后，欧洲大陆的其他国家以及日本和美国等多数国家才陆续采用了这一制度。在金本位制下，中央银行的主要责任是保持其货币和黄金之间的官方平价，因此为了维持这个价格，中央银行需要拥有足够的黄金储备。在此期间，国际收支的盈余或赤字必须通过中央银行之间的黄金运输来实现转移。值得肯定的是，金本位制下的国际货币体系对 1880—1910 年间

的世界贸易增长作出了积极贡献。López-Córdova 和 Meissner（2003）曾对金本位时期的经济数据进行了实证研究，结果表明，同等条件下若两国均采用金本位制则会提升双边贸易额约60%，并且他们还估计金本位制下的国际货币体系对世界贸易增长的贡献率约为20%。但正如前文所述，金本位制的缺陷也是明显的，金本位制是一种分散的且以市场为基础的国际货币体系，除了主要经济体共同承诺维持其货币的黄金价格之外，几乎没有任何制度上的安排和支持。因此，各国央行仍然将稳定货币和汇率作为第一目标，金本位制对国际收支的自动调节机制形同虚设，第一次世界大战期间各国对黄金的封锁使得这一机制更加无法发挥作用；黄金数量的增长不足以支持全球商品的增长，因此随着经济的发展必然会出现全球通货紧缩。最终，国际社会不得不放弃金本位制而寻求新的货币体系与制度安排。

布雷顿森林体系实际上是对两次世界大战期间经济不稳定因素的直接反映，即政策制定者认为"热钱"的投机性流动是造成经济波动的关键。因此，布雷顿森林体系与之前的金本位体系有很大的区别：首先，布雷顿森林体系是基于调控与管理的制度安排，且这一调节过程由国际货币基金组织来完成，而金本位体系则是基于市场安排；其次，相较于金本位制，布雷顿森林体系是基于规则而非惯例，且资本管制更加普遍。然而，尽管做出了许多制度上的革新，但布雷顿森林体系也有其内在的矛盾，即所谓的"特里芬难题"，作为布雷顿森林体系中储备货币的发行国，美国若想保持美元的价值固定在其黄金官价，并同时保证外国央行有能力把他们的美元储备换成黄金，那么美国的货币政策将会受到约束。换而言之，如果美国要维持"双挂钩"的固定汇率制度，则美国的经常账户就必须保持顺差或维持平衡，否则人们对美元的信心就会丧失。与此同时，随着全球经济与贸易规模的不断扩大，美国需要将美元输送到世界各地以满足各国对美元的需求，因此美国的经常账户则必须保持逆差状态。上述两难选择决定了布雷顿森林体系是不可持续的。此外，由于20世纪60年代中期越南战争的财政需求和社会支出的增加，美国的宏观经济政策组合变得极具扩张性，其贸易赤字大幅上升，资本管制的放松开始对固定汇率造成压力，布雷顿森林体系在多方压力下走向解体。从美元霸权角度来看，布雷顿森林体系的瓦解正是由于美元霸权在这一体系下所获得的收益逐渐减少的无奈之举，它体现在美国维持黄金官价的成本上升、协调其他国家集体行动的难度不断增加以及国内宏观经济政策的自主性受到限制等方面。其原因在于，随着其他国家将注意力转移至美元价值本身，这些国家对美国货币政策的实施与美国国内金融市场的状况将异常敏感，因此外国央行会频繁向美联储兑换黄金以求避险，一些发达国家也逐渐不再愿意分担美元危机带来的风险。

布雷顿森林体系崩溃、美元与黄金脱钩是历史的必然，美元脱离黄金成为人类历史上第一个以国家信用作为支撑的世界货币，有其进步意义，在一定时期对全球经济和贸易发展发挥了积极作用。随着布雷顿森林体系的解体，国际货币体系进入了一个更加分散和市场化的制度安排。主要经济体都开始实行自由浮动的汇率制度，其货币也实现了可兑换，资本流动逐步自由化，各个国家可自由选择美元或其他国际性货币作为其国际储备。随着汇率制度更多地由市场决定，这增强了一国对国内货币政策和通货膨胀的控制，加速了金融部门的发展，并最终在一定程度上促进了经济的增长。此外，在面临外部冲击时，浮动汇率制下的相对工资和价格水平可以通过名义汇率变动迅速调整以应对冲击，从而恢复外部平衡。在新的制度安排下，美国摆脱了布雷顿森林体系"双挂钩"的约束，进而可以自主地选择财政政策与货币政策。此外，美国可以把调整经济失衡的负担转嫁给其他国家，并利用新的全球循环机制继续稳固美元的霸主地位。具体而言，由于离岸美元需求的增加以及美国储蓄的不足，因此美元通过资本金融账户输出不能成为主要途径，而美国贸易逆差则实现了美元的输出，进而满足了世界的贸易融资需求和安全资产需求。由于输出的美元不会被换成其他非美元资产或货币，因此美元的币值可以保持相对稳定，美国也可以通过资本金融账户回流美元来压低国内利率，这意味着美国依旧维持其低储蓄和高消费的模式，所以美国贸易逆差状况也可以得以维持（详见图 7-1）。在这个循环中，美国通过美元的霸权地位保证了国内低利率、低通胀以及较高经济增长的状态。

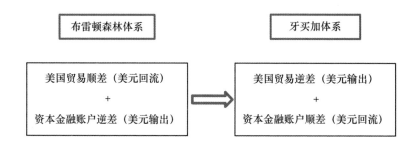

图 7-1 美元流动性全球供给机制的转变

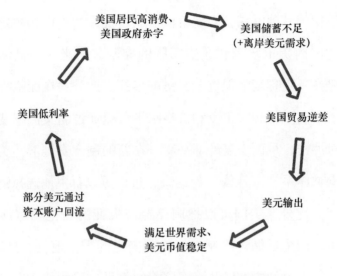

**图7-2　牙买加体系下的美元全球循环机制**

（二）当前美元本位的内在矛盾突出，难以胜任未来全球经济和政治发展的要求

虽然美元本位下的牙买加体系替代布雷顿森林体系有其历史进步意义，但它是布雷顿森林体系崩溃后无奈的结果，是一个"无体系"的体系，该体系有着不可调和的矛盾。美元本位下的牙买加体系其主要矛盾是：美元既为本国货币（主权信用货币）又为世界货币的双重角色矛盾，随着美国经济实力的逐步衰落，这一矛盾将更加凸显。这一主要矛盾的具体表现如下：

首先，美国拥有超级特权，美国与其他国家的地位不平等。依赖一个国家作为全球储备资产的主要供应国，会使这个国家在实施政策时具有独特的优势，也就是超级特权。具体而言，美国在美元本位下所享受的超级特权主要体现在了如下几个方面：第一，美国获得大量的铸币税收入。全球流通了大量的美元现金，尽管这些通货是美联储的直接负债，但从某种意义上而言，在美元本位崩溃以前，美国永远也不需要偿还清这部分的债务。有研究表明，在国际金融危机爆发前的一段时间里，美元的贬值为美国带来了逾1万亿美元的净资本收益。第二，美元霸权的不公平性还来自美国发行的国债，这是由于美债的国际信用评级较高，因此可以在全球范围内以低廉的价格获得借贷，同时由于美国资产主要以外币计价，而美国负债几乎全部以美元计价，美国经济中的任何主体都可以以较低的成本在全球融资（陈雨露等，2005）。第三，由于美元是主要的国际结算货币，因此美国的家庭部门、企业部门和政府部门不需要面临汇率波动的风险，这便降低了交易的成本与不确定性。第四，基于美元的霸权地位，近些年美国开始通过使用贸易手段或金融手段对其他国家进行制裁甚至极度恶意的打压。第五，由于美元作为主导货币，美国与其他国家尤其是新兴国家应对负面冲击时的调整具有不对称性，（非储备货币）赤字国家面临的调整压力要比盈余国家及储备货币发行国面临的压力大得多。

其次，新"特里芬难题"。布雷顿森林体系下的"特里芬难题"是在资本流动匮乏的情况下出现的，当时全球对储备资产的需求是通过美国发行净资产来满足的。在全球资本流动充足的背景下，一个生产全球无风险资产的国家原则上可以向世界其他任何国家或地区提供一系列流动资产，同时在海外投资相同总额的资产以实现国际收支的平衡。然而随着全世界对储备资产的需求增加，这种需求主要由一个国家发行的公共资产来满足，这将导致不可持续的债务积累。现行国际货币体系下的新"特里芬难题"可以理解为美元资产的国际供给能否与全球贸易金融需求相一致的矛盾，即全球对安全资产日益增长的需求将导致负债，而负债迟早会破坏储备资产地位的基础（即国际信心），同时无体系的汇率制度安排和自由的国际资本流动又会激化这一矛盾。

再次，过度的金融弹性。自 1997 年亚洲金融危机发生之后，国际金融一体化进程不断加快，国际金融开放程度也在不断上升，全球跨境流动总额占世界 GDP 的比重从 20 世纪 90 年代的 5% 增加到现在的 20% 以上。发达国家和新兴经济体的金融创新进一步加快了全球金融一体化，而未来以互联网、区块链、人工智能、云计算为代表的金融科技的发展势必会加速这一进程。此外，国际贸易的迅速增长还通过增加贸易信贷和出口保险等渠道将各国金融体系连接在一起。然而，这一趋势背后也隐藏着巨大的隐患，那就是基于无体系的汇率制度以及自由的国际资本流动等特点，现有的国际货币体系往往会由于过度的金融弹性而加剧一些国家金融市场的动荡，加之缺乏相关的配套制度，国际游资的冲击更加明显，进一步加剧了金融失衡的风险，使局部性风险转化为系统性风险。美元本位下的过度金融弹性是美国和其他国家发生金融危机的重要原因。

最后，国际宏观经济政策之间协调的矛盾。美元既为本国货币又是世界货币的双重角色，使得美国货币政策具有较强的外部性，并且由于缺乏权威的国际协调机构和制度，这一外部性难以被"内部化"。储备货币发行国的国内货币政策目标与各国对储备货币的要求经常产生矛盾，而货币当局往往会从本国利益出发以国内货币政策目标为主，这就意味着其本国货币的国际职能与其他国家的货币政策或全球经济利益产生冲突，例如该国可能会因抑制本国通货膨胀的需求而使得全球流动性供给降低并使全球经济增长放缓。因此，这种政策间协调的矛盾只能通过放弃单一主权货币充当全球性货币的方式得以根本解决。虽然国际货币基金组织等国际组织创立的初始目的之一便是协调国际货币政策，但这些制度安排存在非对称性，这些国际组织很大程度上是西方资本主义国家利益的代言人，新兴经济体的话语权微不足道，且随着人们对国际协调要求的呼声越来越大，其权力的增加反而有可能成为干预其他国家内政的手段。因此，如何规范国际组织的行为以及提升新兴经济体的话语权是解决这种制度性缺陷的关键。

正是由于美元本位的主要矛盾，才导致了其在国际流动性提供、国际收支调节以及国际金融市场稳定等方面的基本职能没有履行好，也必然决定了这不是一个符合公平性的国际货币体系。随着美国经济实力的相对衰落，美元本位的内在矛盾会更加突出，也会越来越难以满足未来全球经济发展和政治发展的要求。

（三）美国持续性贸易逆差所导致的美国福利悖论

根据大部分经济学者的理论分析，美元本位下的美国持续性贸易逆差在整体上是有利于美国福利的。所以不少美国政客表面上抱怨中国对美国的贸易顺差，私下却乐见中国购买美国国库券以积累外汇储备。例如现任美国国会预算办公室主任菲利浦斯·斯维格尔（Phillips Swagel）曾说：

如果真的像某些人所说的那样，人民币被低估了27%，美国消费者就是一直在以27%的折扣得到中国所生产的一切；中国就是在购买美国国库券时多付了27%的钱。对此，美国人为什么要抱怨呢？升值将使中国停止大甩卖，美国人将要为他们所购买的一切东西——从鞋到电子产品——付更多的钱。其他国家固然会买下中国不再愿意购买的国库券，美国人也可能会多储蓄一些，但财政部和公众必须支付较高的利息率。人民币升值不但意味着美国政府的融资成本将会上升，而且意味着美国的房屋购买者必须为只付息式按揭花费更多的钱。不要指望人民币升值会给美国带来更多的就业。人民币低估确实造成了失业，但那是马来西亚、洪都拉斯和其他低成本国家的失业。如果中国的出口减速，美国就要从那些国家进口成衣和玩具。

既然人民币升值会给美国造成短期痛苦，为什么还要逼中国升值呢？决策者当然懂得人民币升值对美国经济的不利影响。他们肯定也知道，大张旗鼓地施压只能使中国人更难以采取行动。但这会不会恰恰是问题的所在？一个有心计的人（a cynic）可能会希望（实际情况是）：压中国升值不是（美国政府）对不明智政治压力的回应，而是一种狡猾的图谋（devious attempt）。其目的是在牺牲中国利益的基础上，延长美国从中国得到的巨大好处。当然，这一切也可能是无意的。但是，不管动机如何，美国行政当局找到了一个十分漂亮的办法，使美国的好日子得以延续下去。

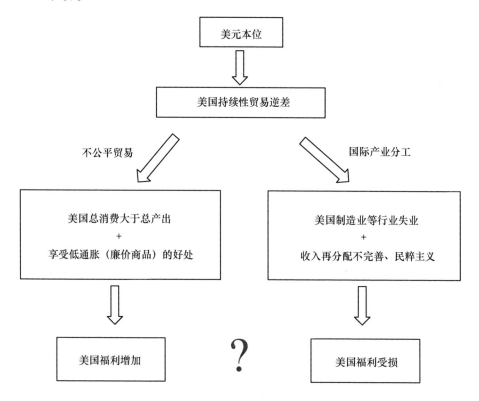

**图 7 - 3　美元本位下美国持续性贸易逆差所导致的美国福利悖论**

另外，我们也看到，以特朗普及其经济智囊为代表的部分美国政治经济精英，好像非常真诚地认为美国持续性贸易逆差是不利于美国居民福利的，是使得中国等国占尽了好处的，因此挑起了加征关税的经贸摩擦。这就是我们所说的"美国贸易逆差的福利悖论"（如图 7-3 所示）。不能期望每一位美国政治经济精英都持有完全相同的价值判断，也不能期望他们都足够理性，但"美国贸易逆差的福利悖论"至少反映出，美元本位的主要矛盾经常使得美国国内出现认识混乱，但认识混乱的背后却有一个共同点：他们想最大化美元本位带给美国的收益，并极力想把相关成本和损失降至最低，而不管他国利益和自身逻辑的漏洞百出。

（四）美国维护美元本位的困境

美元本位与牙买加体系给美国带来了超级特权和诸多好处，但其主要矛盾也日益凸显，因此美国政府很自然地会采取新措施来维持美元的地位和霸权，使得美元本位体系能够尽可能长久存活。但应该看到，美元本位的主要矛盾是不可调和的，美国单方面维护美元霸权存在多方面的困境，甚至美国维护美元霸权的行为本身会加快美元衰落（如图 7-4 所示）。

从市场手段来看，美国要维护美元本位，就要持续对外输出美元流动性和安全资产，在美国国内储蓄严重不足的情况下，只能依靠"双赤字"（贸易逆差和财政赤字）来实现。一方面，这会导致国际社会对美元信心下跌，也就是新"特里芬难题"，当美国 GDP 占世界GDP 总量的比重不断下降时尤甚；另一方面，与"双赤字"相伴随的是这样一种国际产业分工格局，美国制造业衰落、产业空心化，而

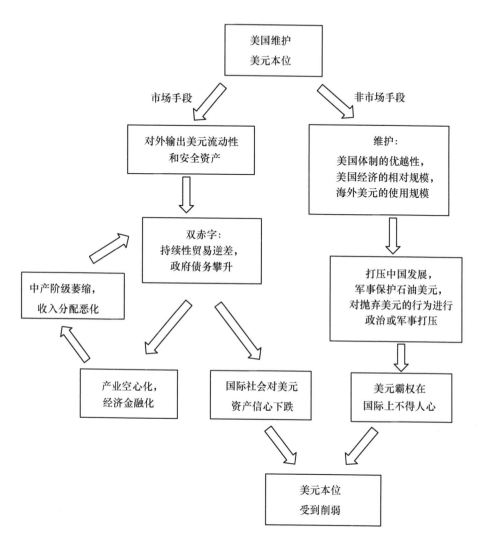

**图 7-4　美国维护美元本位的困境**

其金融服务业则十分繁荣、经济金融化，这会导致中产阶级萎缩和收入分配恶化，在有效的再分配政策缺位的情况下，这会加剧美国国内储蓄不足的状况，形成恶性循环。

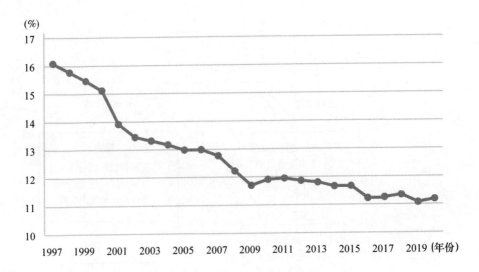

**图 7 - 5　美国制造业占 GDP 比重**

资料来源：World Bank。

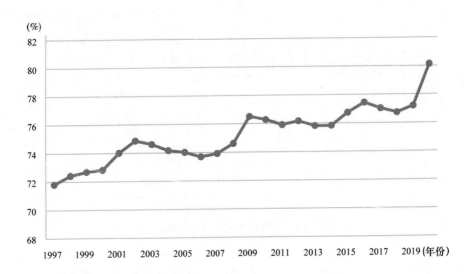

**图 7 - 6　美国服务业占 GDP 比重**

资料来源：World Bank。

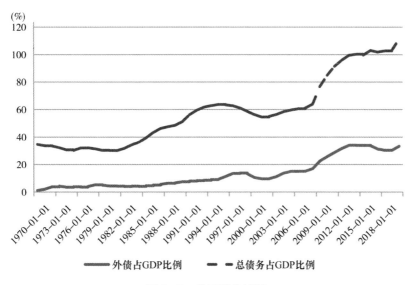

**图 7 - 7　美国债务情况**

资料来源：美联储。

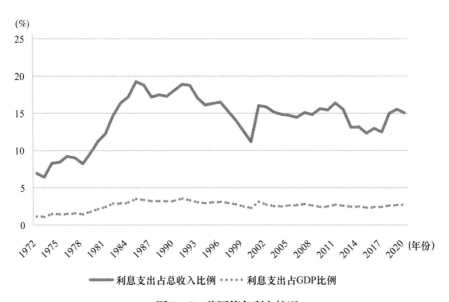

**图 7 - 8　美国债务利息情况**

资料来源：美联储。

从非市场手段来看，美国要维护美元霸权，就要通过打压中国经济发展、军事保护石油美元、对抛弃美元的行为进行政治或军事打压等手段来维护美国制度的优越性、美国经济的相对规模和海外美元的使用规模。而这会使得美元霸权在国际上进一步不得人心，反而会削弱美元霸权。

# 第八章

# 未来国际货币体系展望

虽然当前美元本位的内在矛盾突出，美国想长期维持美元本位也困难重重，但这并不意味着美元本位会很快崩溃以及替代美元本位、运行良好的新国际货币体系会很快到来。未来国际货币体系的具体形态，既受到客观经济规律的约束和指引，也取决于未来国际政治格局的演变，还将受到数字货币技术等支付结算领域新技术的深刻影响。

## （一）作为全球公共品的国际货币体系与"金德尔伯格陷阱"

一个运行良好的国际货币体系是一种全球公共品，具有非竞争性和非排他性，世界各国都可从中获利。但关键问题是，这样一个全球公共品是谁提供的？成本如何？提供者是否激励相容？从公共品经济学和国际政治经济学的视角来看待未来国际货币体系的公共性很有必要。

**1. 一个运行良好的国际货币体系作为全球公共品应满足的公共性要求**

一个运行良好的国际货币体系具有全球公共品的属性，即国际社会成员可以以不同的方式非竞争性、非排他性地利用国际货币体系提供的便利和外部性。因此，从理论上讲，一个运行良好的国际货币体系其公共性至少应该体现在以下六个方面：

一是储备货币制度的非竞争性、非排他性使用。储备资产的币种结构与结算规则作为国际货币体系的基础，各国都可以根据自己的需要确定本国储备资产的币种结构、规模和结算规则，进行对外支付、稳定本国货币币值及平衡本国国际收支，各国不需要再与其他国家谈判确定储备资产与国际支付工具。

二是国际收支平衡机制的公共利用。国际收支平衡机制是国际货币体系的另一重要支柱，不同的国际货币体系中的国际收支平衡机制存在显著差异，金本位制下的国际货币体系与布雷顿森林体系中国际收支平衡机制就存在很大差异，前者通过金币的自由铸造、自由兑换与自由运输实现国际收支平衡，后者主要通过国际货币基金组织帮助成员国平衡国际收支，不同国际货币体系中的国家都可以非竞争性、非排他性地使用平衡机制以平衡本国的国际收支。

三是各国利用国际组织的公共平台协调彼此之间的货币金融关系。国际货币体系还为协调各国的货币、金融乃至经济贸易关系提供制度化的公共平台和机制，化解各国之间在货币、金融乃至经贸方面的利益冲突和矛盾，共同应对各种可能的风险和危机。

四是国际货币规则的公共利用。国际货币体系针对货币汇兑、债权债务结算、储备资产的规模与构成、国际收支平衡工具等会形成一系列的惯例、规则与制度，各国可以把这些惯例、规则与制度作为彼此进行货币与金融合作的参考和标准，降低合作的交易成本并提高合作效率。

五是国际经验的公共借鉴。国际货币体系形成的各种惯例、规则与制度不仅可以调节不同国家之间的货币、金融乃至经贸利益关系，而且可以引导和调整国内的货币、金融与经贸关系，国际组织与各国参与国际货币体系的各种经验可以被各国共同借鉴。

六是各国可以利用国际货币体系进行分工合作，共同面对和解决国际社会面临的货币、金融乃至经贸问题。随着全球化程度的不断提高，各国之间的货币、金融及经济联系日益紧密，各国共同面临日益复杂的货币、金融与经贸问题，例如各种货币、债务、金融与经济危机，仅仅依靠单一国家的努力是不可能解决的，需要借助国际货币体系进行共同应对。

可以看到，美元本位的主要矛盾（主权信用货币充当世界货币）使得现存国际货币体系在上述多个方面存在天然缺陷，不能算作一个运行良好的国际货币体系、一种良好的全球公共品。事实上，布雷顿森林体系及现存货币体系的公共性缺陷主要表现在以下五个方面：

一是大国的操纵与垄断破坏了全球公共货币之间的合作。以美国为代表的西方国家不仅是布雷顿森林体系和牙买加体系的主要推动者和受益者，也是目前国际货币体系的主要操纵者和控制者，新兴市场国家与发展中国家缺乏话语权，无法有效维护自身的国际货币利益及相关权力。

二是铸币税掠夺机制损害了全球公共货币利益。在国际信用货币体系的条件下，储备货币发行国会利用自己的货币发行国地位向国际社会征收铸币税，向非储备货币发行国转嫁货币发行成本和风险，形成储备货币发行国对非储备货币发行国的财富再分配与财富转移机制，带来事实上的储备货币发行大国对非储备货币发行小国的财富掠夺现象，增加了国际社会财富分配的不平等与不公平。

三是危机频发与传播危害全球公共货币的稳定。20世纪80年代以来，国际社会先后出现了拉丁美洲债务危机、墨西哥金融危机、阿根廷货币危机、东南亚金融危机、美国次贷危机、国际金融危机、欧洲主权债务危机等多场国际货币与金融危机，对国际经济秩序特别是国际货币与金融市场秩序造成严重冲击，周期性与非周期性的国际货币与金融危机的出现暴露了国际货币体系存在的公共性缺陷。

四是风险积累及转移破坏全球公共货币秩序。目前的国际货币体系对以美国为代表的储备货币发行国缺乏有效的货币发行制约机制，导致储备货币发行国为了维护自己的货币利益进而向其他非储备货币发行国转移货币发行成本与风险，最为典型的便是1971年美国为了应对自身经济危机和支付困难，单方面宣布放弃美元兑换黄金的承诺，导致布雷顿森林体系崩溃。2008年国际金融危机以及2020年新冠肺炎疫情暴发之后美国都采取了极为宽松的货币政策，对国际金融市场的稳定造成了重大影响。

五是机构治理缺陷导致全球货币公共治理危机。1944 年 7 月在美国新罕布什尔州布雷顿森林会议上宣布建立的国际货币基金组织与国际复兴开发银行（世界银行前身）是第二次世界大战后国际社会主要的国际货币与金融组织。美国和欧洲国家是这两个国际组织的主要控制者与获利者，以中国、俄罗斯、印度、巴西为代表的新兴经济体的影响力和话语权受到诸多限制，广大发展中国家特别是中小发展中国家则更是缺乏话语权。在某些情况下，国际货币基金组织与世界银行甚至成为维护西方国家政治经济利益并向全球推行其政策主张的工具，最为典型的便是这些组织向拉丁美洲国家推进具有浓厚新自由主义政策主张的"华盛顿共识"，其最后虽然以失效告终，但损害了转型国家和广大发展中国家的利益（保建云，2021）。

## 2. 未来国际货币体系演进路径上的"金德尔伯格陷阱"

如果依赖某个主权国家（所谓的"超级大国"）来提供某种全球公共品，那么激励相容就是一个重要问题，只有当这个"超级大国"从提供这种公共品的过程中获得的收益远超于其成本（即激励相容）时，它才有较强的意愿来提供该公共品。否则，该公共品要么供给不足，要么有重大质量缺陷而不能称之为一个良好的公共品。

从这个意义上讲，当美国的"超级大国"地位越稳固、经济实力越强大的时候，美国的利益与世界利益的重叠面会更大，美国提供一个运行良好的美元本位体系的动机就会越强。反之，当美国的经济实力和整体实力呈衰落之势、世界多极化趋势明显的时候，美国从国际货币体系中的收益就可能会大打折扣，其维持该体系良好运行的动机就会减弱。这时如果没有出现新的"超级大国"或者国际社会没有就新的国际货币体系达成共识，那么全球金融系统和经贸发展会不会陷入混乱？"金德尔伯格陷阱"便与这一问题相关。

"金德尔伯格陷阱"原指世界领袖国家实力走向衰弱，而新兴市场国家尚不能承担领导责任时，所形成的全球治理真空期的现象，此时全球经济可能会进入混乱与失序的状态中。这一理论提出的最初目的是为了解释20世纪30年代的大萧条，那时英国的霸主地位逐渐由美国取代，但美国尚未开始参与全球治理，而英国的治理能力不足以支撑全球经济的平稳运行，因此导致了大萧条的爆发。随后，这一理论也被罗伯特·吉尔平发展为"霸权稳定论"，即只有在霸权国存在的前提下，全球公共品的供给才会充足，全球治理才会相对有序。更进一步，也有学者因此将20世纪二三十年代定义为"霸权空位型"时期，将布雷顿森林体系时期定义为"霸权主导型"时期，而将后布雷顿森林体系时期定义为"霸权参与型"时期（李晓和冯永琦，2012）。

针对作为全球公共品的运行良好的国际货币体系的供给是否进入了"金德尔伯格陷阱"这一问题，一些观点认为：由于"修昔底德陷阱"和"金德尔伯格陷阱"的存在，美国不得不减少全球公共品的提供以防范中国崛起对其所造成的威胁，同时中国和欧盟等经济体的发展又尚且无力提供全球公共品，成为"免费搭车者"，所以造成了全球经济的无序与混乱（Nye，2017）。

"金德尔伯格陷阱"理论或者霸权稳定论的主要缺陷在于，它们忽视了全人类作为一个整体通过民主协商来构建新制度、解决全球问题的能力（虽然全球气候变化、新冠肺炎疫情等事件确实反映出这种能力还比较弱），过于强调霸权或者"超级大国"在提供全球公共品、维护国际秩序方面的作用，因而在一定程度上有为霸权行为合理性进行辩护的嫌疑。但不可否认，国际货币体系演进路径上的"金德尔伯格陷阱"的确有现实可能性，它给我们至少如下两点启示：

第一，美国相对实力衰落的趋势不可避免（衰落速度可能或快或慢），国际社会要提前研究当美国因为自身衰落而放弃维持美元本位时（甚至有更恶意的自利行为时），国际金融市场和秩序会受到什么影响、应该怎么应对。国际社会应该就后美元本位时代的国际货币体系提前进行研究和探讨。

第二，美元本位的主要矛盾（主权信用货币充当世界货币的矛盾）决定了存在"金德尔伯格陷阱"的可能性，未来更良好的国际货币体系不能再依赖某个或某几个主权信用货币，因为这样最终依然会导致新的"金德尔伯格陷阱"。

（二）未来国际货币体系的根本出路不在于一个或几个大国的主导，而在于基于全球各国民主协商的合理制度设计

图8-1总结了国际货币体系的演化趋势。我们得到的基本规律

是：从布雷顿森林体系到牙买加体系，国际货币体系彻底摆脱了金属货币的桎梏；从牙买加体系到未来的国际货币体系，则要彻底摆脱主权货币的束缚、创建全新的真正的国际信用货币；未来的国际货币体系要从过于分散化和市场化的制度安排进化到基于更高理性的规则和管理的体系，在全球流动性提供、国际收支调节、全球金融稳定以及国际公平性等方面做得更好。

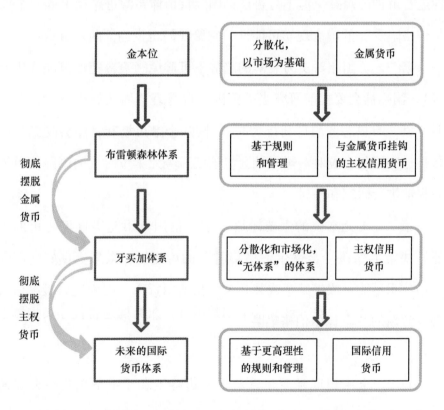

**图8-1 国际货币体系演化趋势与未来国际货币体系的基本特征**

资料来源：笔者自己绘制。

　　未来的国际货币体系要基于规则和管理，不能过于分散化和市场化的根本原因是国际货币体系的全球公共品属性，完全自由放任的市场机制在公共品供给方面必然失效，适当的规则和管理是必要的。

　　当今世界，再也不能指望一个新的"超级大国"的出现或几个大国的主导来解决全人类面临的重大问题，提供良好的全球公共品的根本出路在于基于全球各国民主协商的合理制度设计，在于人类命运共同体理念的制度化。就未来的国际货币体系而言，只有依靠创造一种与主权国家脱钩的国际储备货币，才能避免主权信用货币作为储备货币的内在缺陷。在"超主权"国际货币的基础上，需要重构全球汇率体系、资本流动和管理体系、国际收支平衡机制以及相关的国际组织和制度。

　　（三）"三步走"迈向未来国际货币体系：多元货币体系——SDR 作为超主权国际储备货币的基本雏形——成熟的超主权国际储备货币体系

　　当然，历史经验和现实情况都预示着，人类构建替代牙买加体系和美元本位的超主权国际储备货币体系将是一个漫长的过程，至少需要几十年的时间。国际货币基金组织的特别提款权（SDR）是有益的尝试，但其离真正的"国际信用货币"还有较远距离。我们预测，迈向未来国际货币体系的历史进程将分为三个阶段：首先，当前美元主导的牙买加体系松动，接下来 15 年逐渐形成美元—欧元—人民币三足鼎立的多元货币体系；其次，国际社会合作的意愿以及制度基础进一步夯实，联合国、二十国集团、国际货币基金组织等国际合作组织和平台的功能进一步增强，全球各国基于民主协商对 SDR 发行和运行机制进行根本性改革（或提出替代性方案），形成超主权国际储备货币体系的基本雏形；最后，经过一段时间的发展、完善，形成成熟的超主权国际储备货币体系。

### 1. 多元货币体系作为过渡阶段

从现实情况来看，伴随着美国经济实力的衰落和美元本位矛盾的激化，美国将不可避免地看到其储备货币垄断地位被侵蚀，全球货币体系变成美元、欧元、人民币三足鼎立的"三元体系"只是时间问题（李稻葵和尹兴中，2010；Ryan，2015）。Fratzscher 和 Mehl（2014）通过分析人民币在亚洲的角色与影响力后认为，就货币在地区层面充当汇率锚的角色而言，国际货币体系已经处于美元、欧元与人民币三极分化的边缘。

Eichengreen 和 Flandreau（2009）专门分析了 1920—1945 年间，全球主导货币角色在美元与英镑之间交替的竞争过程，认为网络外部性并不会增加各国对现有储备货币的持有惯性，也就是说，一国货币作为国际主要储备货币的地位没有想象中那么稳固。此外，他们通过解读数据发现，在两次世界大战之间的时期，英镑和美元曾经共享储备货币地位，这也从历史的角度表明未来多元化货币体系存在的可能性。

关于多元货币体系的利与弊，表8-1进行了总结。未来多元化国际货币体系的出现，能缓解当前牙买加体系的一些缺陷，在效率和公平性方面有所提升。但在系统稳定性方面，多元货币体系可能面临挑战。有观点指出，未来的三元或多元货币体系并不意味着每种货币在金融深度、价值储存和可用性方面都具有同等的品质，而应该是在每种货币的不同禀赋、功能之间取得平衡，从而减少以美元为中心的体系的内在不稳定性和欧元区保护主义的风险。通过管理良好的投资组合，各国央行与私人部门可以将风险分散到不同品质的货币上。但是在缺乏全球协调的情况下，新的多元货币体系可能会放大当前货币体系的缺陷（Miriam，2014）。也就是说，如果没有一个强有力的全球治理结构加以控制，不同经济集团之间的竞争可能会蔓延到更多领域。例如，如果全球经济面临严重的能源价格或供应冲击、贸易摩擦或金融危机时，不协调的应对措施可能会加剧动荡，甚至不如单一货币主导的国际货币体系（Dailami和Masson，2009）。

表8-1　　　　美元主导的国际货币体系与多元货币体系的优劣比较

| | 分项指标 | 多元化货币体系更佳 |
|---|---|---|
| 效率（efficiency） | 外汇储备（有成本，他国是否积累更少） | √ |
| | 外汇储备（更低的汇率风险） | √ |
| | 规模经济 | × |
| | 全球储蓄—投资平衡 | √ |
| | 实际汇率错配（misalignments）降低 | √ |
| 稳定性（stability） | 稳定的全球锚（global anchor） | ? |
| | 采取稳定化政策的激励更强 | √ |

续表

| | 分项指标 | 多元化货币体系更佳 |
|---|---|---|
| | 应对重大冲击以及资本大规模流动或中断的弹性（resilience）更大 | ? |
| | 汇率波动性是否降低 | × |
| 公平性（equity） | 国际收支调整更加对称、公平 | √ |
| | 嚣张的特权（exorbitant privilege）减弱 | √ |
| 可操作性（feasibility） | 维持现状的惯性（status quo bias） | × |
| | 需要更多的国际协调 | √ |

参考资料：Bénassy-Quéré A. and Pisani-Ferry J., What International Monetary System for a Fast-changing World Economy [R]. Bruegel Working Paper, 2011。

此外，向多元货币体系的转变还需要注意：首先，循序渐进（由于惯性以及网络外部性的存在，人们还是会倾向于使用现有主导货币，因此"循序渐进"一般不成问题）；其次，尽可能平滑；最后，由私人和官方机构自主独立的决策驱动，而非政策设计驱动。另外，若想形成美元、欧元、人民币"三足鼎立"的货币体系，这些国家（地区）未来还需要各自进行改革与发展。就欧元而言，需要注意欧元区政策的相互一致性（应纳入加强的治理框架）以及如何减少欧元区的资本市场碎片化（资本市场的碎片化将阻碍资本市场的流动性，影响欧元作为国际货币的吸引力）。就人民币而言，应当：第一，放开资本账户以及实施更具有弹性的汇率制度；第二，加速国内金融基础设施的建设与发展；第三，继续推动国内经济发展。就美元而言，在未来应当主要着力于提升政策的可信度（Dorrucci 和 McKay，

2011）。

### 2. SDR（或新的替代性方案）作为超主权国际储备货币的基本雏形

从前文的分析中我们可以看到，多元货币体系作为过渡阶段有其自身的不足，尤其是在系统稳定性方面。它是对美元本位的改良，但也是不彻底的改良，其缺陷引导着国际货币体系必然要进化到超主权国际储备货币体系。随着中国等新兴经济体经济实力的进一步增强、国际政治格局多极化的进一步发展以及全人类在协作解决全球气候变化、全球公共卫生危机等全球性问题方面积累的信任和经验，届时，国际社会合作的意愿以及制度基础将进一步夯实，联合国、二十国集团、国际货币基金组织等国际合作组织和平台的功能将进一步增强。在这一阶段，全球各国将基于民主协商（例如召开类似布雷顿森林会议的会议）对多元货币体系进行根本性的改革，在 SDR（或新的替代性方案）基础之上，形成超主权国际储备货币体系的基本雏形。

目前的 SDR 规模不大，用途有限，分配也不尽合理，但也有一些明显优点：第一，SDR 相较于单一货币体系币值更稳定，可以更好地行使价值储藏和计价单位的职能，具备成为超主权国际储备货币的潜力；第二，可以更好地应对多极世界下的汇率波动等问题；第三，降低了汇率调整的可能性，减少了汇率波动；第四，使风险资产的定价决策基于"全球"货币状况，而不是基于单个经济体的货币政策立场（McCauley 和 Schenk，2014；Zöllner，2016；IMF，2016；IMF，

2018）。当然，SDR 要成为超主权国际储备货币，需要在合适的、成熟的全球经济政治格局下进行制度建设，以确定其在国际贸易、国际金融市场以及全球官方外汇储备中的相应地位。届时，在 SDR 作为超主权国际货币的基础上，需要重构全球储备货币发行机制、全球汇率体系、资本流动和管理体系、国际收支平衡机制以及相关的国际组织和制度。

值得注意的是，最优货币区理论与欧元区的实践，对于超主权国际储备货币体系的形成借鉴意义不大。在超主权国际储备货币体系下，各个经济体依然拥有自己独立的货币主权和货币政策的调节权。全球使用统一的单一货币，如果有这种可能，那也只会出现在更遥远的未来。

### 3. 形成成熟的超主权国际储备货币体系

在上一阶段的基础上，国际货币体系经过一段时间的发展和完善，形成成熟的超主权国际储备货币体系。这一全新的国际货币体系基于更高理性的规则和管理，在经济效率、系统稳定性、公平性等各个方面比美元本位和牙买加体系表现更佳，在全球流动性提供、国际收支调节、全球金融稳定等具体功能上做得更好。它将彻底克服主权信用货币作为国际储备货币的根本性缺陷，是作为一种基于全球经济福利和公平性视角、由国际社会提供从而满足激励相容原则的全球公共品而存在。届时，新的全球储备货币发行机制、全球汇率体系、资本流动和管理体系、国际收支平衡机制以及相应的国际组织和制度将全面建立起来。

（四）数字货币技术与未来国际货币体系

随着数字技术和数字经济的不断发展以及比特币、Libra 等私人数字货币对金融体系与支付体系的冲击，央行数字货币（Central Bank Digital Currency，CBDC）作为金融科技发展的代表性成果已然成为社会各界关注的焦点，包括中国在内的许多国家都已开展了关于 CBDC 的研发工作。CBDC 是不同于现金和传统准备金的中央银行直接负债，其作为一种全新的数字化支付工具可能会对支付体系与货币供求、货币政策、金融稳定与监管、国际经济金融体系等多个方面产生影响（刘凯等，2021）。

中国从 2014 年起就成立了专门的研究部门对数字人民币的发行和业务运行框架、相关技术、流通环境、法律问题以及国际上 CB-DC 发行经验等问题进行了深入探讨和研究。除中国外，世界范围内已有不少国家和地区正在开展 CBDC 的研发和试点工作。根据国际清算银行 2021 年年初公布的调查报告显示，全球范围内已有超过 50 个国家和地区开展了 CBDC 的相关研发工作，其中半数左右的国家和地区尚处在概念论证阶段，少部分国家的中央银行已开展了 CBDC 试验项目。各国 CBDC 的设计理念也不尽相同，这些国家研发 CBDC 的主要目标集中在以下几个方面：提升国内或国际支付结算效率与支付安全性、提升金融的普惠性、顺应"无现金"社会的发展趋势、丰富货币政策工具以及打击违法犯罪行为等。由于研发目的不同，各国对于 CBDC 设计方案的选择也略有区别。CBDC 的基础性设计可分为政策层面的设计方案和技术层面的设计方案两大类，其中政策层面设计方案包括 CBDC 的持有者（零售型 CBDC 或批发型 CBDC）、CBDC 的使用场景（类现金、类存款或通用）、CBDC 是否计息以及 CBDC 与央行负债的兑换比率四个部分，技术层面的设计方案则包括 CBDC 的底层技术（是否采用分布式账本技术作为技术支撑）以及 CBDC 的认证和存储形式（基于账户形式或基于代币形式）两个部分（刘凯和郭明旭，2021）。

在研究进展方面，欧洲央行、日本央行、加拿大银行、英格兰银行等中央银行都已经开展了试验或试点工作，美联储、俄罗斯央行、印度央行等正在论证 CBDC 的可行性。具体而言，在批发型 CBDC 领域，欧洲央行和日本央行于 2016 年启动了试验项目 Stella，加拿大银行启动了试验项目 Jasper，分别探索了分布式账本技术（Distributed Ledger Technology，DLT）在支付领域及金融市场基础设施领域中的应用。在零售型 CBDC 领域，英国、韩国、日本已分别开展了 CBDC 的试验测试工作，欧洲央行正在探讨发行数字欧元（Digital Euro）的必要性及可能影响，并于 2021 年 7 月宣布数字欧元项目正式进入为期两年的调查阶段。美联储则表示，美国正在从概念层面论证 CBDC 以及 DLT 的可行性与潜在的风险，并于 2022 年 1 月发布了市场期待已久的数字美元研究报告。

关于数字货币技术与未来国际货币体系的关系，我们的基本判断是：第一，未来创设具有全球性、公共性的超主权国际货币体系，可以充分利用互联网与通信技术、大数据与云计算技术的最新成果，数字货币技术的发展为未来超主权国际货币的良好设计方案提供了技术上的铺垫；第二，决定未来国际货币体系形态及其到来时间的关键，不是技术层面的问题，而是全球经济政治格局的巨变以及国际合作制度层面的根本性改进，当全人类制度化地基于全球各国民主协商来解决全球公共问题时，新的国际货币体系才会形成。

# 第九章

# 百年未有之大变局与中国的国际货币战略

第二次世界大战后形成的国际货币体系——布雷顿森林体系已经崩溃五十年了，其后形成的以美元本位为核心特征的牙买加体系也运行四十多年了。时至今日，国际政治经济格局相较于四五十年前已经发生了翻天覆地的变化：以中国为代表的新兴经济体在经济和政治层面崛起；经济金融全球化、数字技术和数字经济的发展使得人类的联系更加紧密和便捷；国际民主政治的呼声越来越高，全球气候环境问题、恐怖主义、传染疾病防控、全球经济治理等问题亟须越来越紧密且公平的国际协作，G20 框架卓有成效；美国作为曾经的唯一"超级大国"对世界政治经济格局的重大变化还处于适应期，国家心态和一些行为表现出某种非理性和扭曲性。此之谓国际社会"百年未有之大变局"也！

本书结合全球宏观经济数据，对布雷顿森林体系崩溃五十年以来国际货币体系的演进状况、核心职能及表现、主要矛盾及变化等进行了刻画和评价，并基于国际货币体系的演化逻辑对未来的国际货币体系进行了展望。本书的最终落脚点是，站在当前百年未有之大变局的历史节点，布雷顿森林体系崩溃五十年给了我们以什么启示？中国应该选择什么样的国际货币战略？应该如何参与推动新的更好的国际货币体系的建立？

### （一）布雷顿森林体系崩溃五十年的启示

**1. 国际货币体系演进有其自身规律和历史惯性，旧的体系被替代需要一个过程**

从本书的分析中我们可以看到：各个时期的国际货币体系在成立之初都有其历史进步意义，也都在某种程度上推动了全人类生产力的发展；虽然它们都有各自的历史局限性和根本矛盾，但它们被替代会有一个较长的过程，在它们的潜力还没有完全发挥出来、新的体系还没有正式建立之前，它们将不会自动退出历史舞台。

美元本位被替代也将是一个漫长的过程。一是因为美国自身的经济实力和综合国力虽然已经衰落不少，但依然是全球第一大国，在经济、金融、军事、政治等方面的全球影响力依然首屈一指。二是因为美元本位的矛盾虽然越来越突出，但其还有一定的生命力，主要矛盾还没有出现根本性的激化、全球各国对其不满还没有根本性地表现出来。三是因为能够被国际社会广泛接受的替代性的国际货币体系方案还没有出来。因此，我们对国际货币体系的演化过程和美元本位被替代要有充分的耐心。值得强调的是，美元本位被替代为时尚早的观点与我们在前文中的另一观点——国际社会要就后美元本位时代的国际货币体系提前进行研究和探讨——并不矛盾。

**2. 国际货币体系的全球公共品属性决定了未来的国际货币体系需要以超主权国际信用货币为基础，而且要基于全球各国民主协商来进行设计和运行**

从布雷顿森林体系演进到牙买加体系，国际货币体系彻底摆脱了金属货币的桎梏，从美元本位演进到未来的国际货币体系，则需要彻底摆脱主权货币的束缚，这是美元本位运行了几十年所产生的种种弊端带给我们的启示。明白这一点，对于中国的货币战略至关重要：如果中国要占据道德至高点并顺应国际货币体系演进的长期趋势，那么以分享美元霸权为目的的、狭隘的人民币国际化战略即使可以成为一时的策略，也不应该成为长久之策。

（二）在中短期内，以美元本位为核心的国际货币体系依然稳固，人民币国际化应该"以我为主"，与"双循环"新发展格局相配合

自 2008 年国际金融危机以来，人民币的国际化水平得到较大程度的提升，但 2015 年"8·11"汇改之后，由于资本管制的加强和国内外经济环境的变化，人民币国际化历经一些波折。近年来人民币国际化又有一些新的进展和变化：

第一，跨境人民币业务结算量不断增长，人民币在全球储备资产

中的份额有所上升。尤其是新冠肺炎疫情暴发以来，中国经济贸易一枝独秀，2020 年全年中国跨境人民币结算量超过 28 万亿元，同比增长 44%，全球占比达到 3%。截至 2022 年第二季度，人民币在全球储备资产中的份额为 2.88%，较 2016 年刚加入 SDR 篮子时提升了 1.80 个百分点（详见图 9 – 1）。

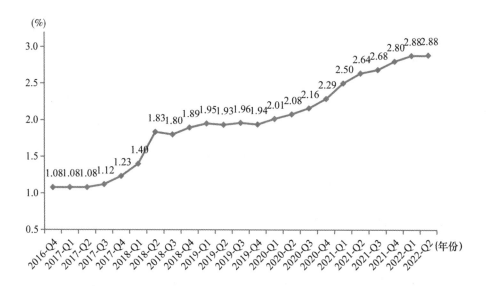

图 9 – 1　人民币储备全球占比

资料来源：IMF。

第二，中国金融开放取得新进展，国际市场对人民币资产需求有所上升。一方面，博鳌亚洲论坛、中国国际进口博览会、自由贸易港建设等一系列政策调整和承诺，为国际资金进出提供了新通道。另一方面，中国金融稳定为全世界提供了金融投资市场。截至 2020 年年末，境外机构和个人持有境内人民币金融资产近 9 万亿元，同比增长

340%；陆股通累计净流入资金为1.2万亿元，债券通境外持有量达3.3万亿元，分别同比增长了21.0%和48.8%。A股被MSCI、富时罗素、标普道琼斯三大国际指数纳入。

第三，在某些方面，人民币的国际化程度不升反降。值得注意的是，2015年以来人民币在国际信贷、国际债券与票据的全球占比都在下降。

从历史视角来看，货币国际化是一个漫长的过程，其间波动很大是常态，特别是对于新兴成长性大国而言。货币国际化在很大程度是国家发展的结果而不是国家发展的核心工具，国际政治、军事以及世界秩序的变化往往比经济贸易的变化更具有边际影响力。强国经济和强货币必须内外兼修，以内为主，依附型经济不可能有强货币。包括英国、美国、德国、日本在内的大国经济史都表明，在市场经济体系下任何大国成长都必须经历由弱到强、由"以外促内"转向"以内促外"的必然调整，国家发展最为关键的标志就是构建出安全、可控、富有弹性韧性、以内为主、控制世界经济关键环节的经济体系。货币国际化水平并不是简单取决于贸易依存度、投资依存度、对外投资比重的水平，更为重要的是摆脱经济依附，转型成为世界强国，对经济发展的动力、金融定价的权力以及各种政治军事风险的控制力。总而言之，货币国际化的核心在于打造强货币，而非简单的国际化指标，强国经济、大国货币并非与外向型经济的发达对等。

就人民币而言，在中短期内，以美元本位为核心的国际货币体系依然稳固，因此，在国际市场上花大力气主动推动人民币国际化不仅可能带来金融风险，而且进展和收益并不会太大，较为合适的策略是：人民币国际化应该"以内为主""以我为主"与"双循环"新发展格局相配合。"十四五"规划明确提出要稳慎推进人民币国际化，要坚持市场驱动和企业自主选择，是很有道理的。国际经验表明，内循环是货币国际化的先决条件，外循环则是货币国际化的实现手段。"国内大循环"决定国内消费市场、投资市场的规模和结构，从根本上创造人民币需求；"国际大循环"实现国际范围内的包容性发展和风险分散，有助于提高中国发展的高效性和稳健性，增加人民币的国际使用场景和黏性。

（三）在长期内，美元本位大概率会逐渐松动甚至出现动荡，国际货币体系将进入美元—欧元—人民币三足鼎立的多元货币体系时代，中国应做好规划并逐步完善相关制度安排

伴随着"双循环"新发展格局的逐步形成和中国经济贸易实力的进一步增强，以及国际政治格局的进一步多极化发展，当前的美元本位在长期内有较大可能会受到削弱，逐步形成一种过渡状态——美元、欧元、人民币三足鼎立的多元货币体系。在以超主权储备货币为基础的全新的国际货币体系到来之前，人民币的国际化朝着多元货币体系方向迈进有两方面的意义：第一，这将使得人民币在事实上部分分享美元霸权的收益，为中国居民和企业带来福利。第二，这将为推动国际货币新体系的最终形成贡献力量。我们当然要清醒地认识到，

国际政治格局的多极化发展和国际民主不是天上掉下来的必然之物，而是基于实力和竞争的结果，中国增强自身经济实力和货币实力，以此来推动世界多极化发展和国际货币体系多极化发展，在此基础上才有可能最终形成以超主权储备货币为基础的新国际货币体系。

多元货币体系时代虽然是一个过渡阶段，但它与当前的美元本位体系有很大的不同，且具有较大的不稳定性，中国应该提前做好规划并逐步完善相关制度，为多元货币体系的到来做好准备。具体而言，中国除了要加快推动"双循环"新发展格局的形成和国内经济实力的进一步增长，还应做好以下三方面工作：第一，在控制金融风险的同时，稳步地朝着资本账户开放和更具有弹性的汇率制度发展；第二，稳步地推动国内金融基础设施和金融制度的建设与发展，以达到国际一流水平；第三，在产业发展、对外贸易、政府职能等其他方面进一步推动制度性开放建设，增强中国市场对外国资本和资金的吸引力。

值得指出的是，形成区域货币可能是迈向多元货币体系的重要阶段，从长期来看人民币有较大概率在亚洲经济圈内成为主导型的区域货币（曹远征等，2013）。2022 年 1 月 1 日，《区域全面经济伙伴关系协定》（RCEP）在中国、日本、澳大利亚和新西兰以及东盟 6 国生效实施，其他国家在完成国内批准程序后陆续实施。这标志着覆盖全球人口最多、经贸规模最大、最具发展潜力的自由贸易协定正式落地。中国要借助 RCEP 在推动贸易发展的同时推动与相关国家的货币合作，进一步完善货币互换机制和人民币债发行机制，推动"清迈机制"进一步发展和可操作化，最终推动人民币货币区的形成。

（四）在国际宣传和交流层面，中国不宜过度宣扬人民币国际化战略及其成果，不宜造成人民币要走美元霸权老路的印象，而应在人类命运共同体理念的指引下倡导基于国际公共利益和各国民主协商的国际货币新体系

正如前文所述，如果中国要站在道德制高点并顺应国际货币体系演进的长期趋势，那么以部分替代美元霸权为目的的人民币国际化战略不应该成为中国长期的、根本性的战略。而且，当前国际社会出现百年未有之大变局的重要原因便是中国的发展，美国已经在经贸、科技、意识形态等多个领域对中国进行打压，西方其他发达国家在很大程度上也予以配合。因此，中国不应该在国家战略层面和政策层面显性地、大张旗鼓地推进人民币国际化，不宜过度强调人民币在国际上应该享有什么样的地位，不宜给国际社会留下要走美元霸权老路的印象，而应在人类命运共同体理念的指引下倡导基于国际公共利益和各国民主协商的国际货币新体系。历史已经表明，某一国的主权货币充当世界货币有不可调和的矛盾，某几个"超级大国"的货币共同承担世界货币的角色也难以解决相关问题，这不是未来国际货币体系的根本出路。

中国要跳出"修昔底德陷阱""金德尔伯格陷阱"等理论中强调守成大国与崛起大国矛盾冲突的路数，坚持人类命运共同体理念，这既符合国际经济和政治体系的演进方向，也符合道义原则。中国并不

认同所谓的"国强必称霸"的理论，中国的发展并不是为了走向霸权从而成为全球公共物品的主导者，而是为了促进国际经济政治格局的公平与正义。譬如中国所倡导的"一带一路"倡议就已经体现了这一点。

（五）应该辩证地看待数字人民币与人民币国际化的关系，稳步推进数字人民币的研究、试点与发行工作

中国从 2014 年起就对数字人民币进行了深入探讨和研究。2016年年初中国人民银行数字货币研究所在前期研究和原型探索的基础上，开展了数字货币的专利申请并于 2018 年将数字人民币的研发和试点项目正式命名为 DC/EP。2020 年，中国人民银行已经完成了数字人民币的顶层设计、标准制定、功能研发、联调测试等基础工作。2021 年 2 月，香港金融管理局、泰国中央银行、阿拉伯联合酋长国中央银行及中国人民银行数字货币研究所宣布联合发起多边央行数字货币桥研究项目（m-CBDC Bridge），其目的是探索 CBDC 在跨境支付中的应用。根据已公布的信息，数字人民币目前定位于 M0，属于零售型 CBDC 且不计付利息。

在数字人民币的试点工作方面，2020 年 8 月国务院同意在京津冀、长三角、粤港澳大湾区及中西部具备条件的地区开展数字人民币的试点工作，同时要求中国人民银行制订相关政策和保障措施，先由深圳、成都、苏州、雄安新区等地及未来冬奥场景相关部门协助推

进，后续视情况扩大到其他地区。截至 2021 年 5 月，中国人民银行先后公布了两批共计十个试点城市名单和一个数字人民币使用场景（北京冬奥会）。在这些试点城市和地区中，深圳于 2020 年 10 月率先通过"摇号抽签"的方式向公众发放数字货币"红包"，这是数字人民币首次在公众层面进行的公开测试。随后，数字人民币相继在苏州、北京、成都完成了多轮的试点试验，并于 2021 年 5 月 22 日启动了长沙市的数字人民币试点测试。此外，上海、海南、西安、青岛、大连也在积极同实体商户、电商、商业银行等多个部门合作，逐步开放数字人民币的测试场景。如今，数字人民币已覆盖了包括生活服务、日用零售、交通出行等多个主流线上及线下应用场景，"10＋1"的试点布局正在有条不紊地开展和进行。

关于数字人民币发行与人民币国际化的关系，本书的基本判断是：在中短期内，从当前数字人民币的定位（零售型 CBDC、替代 M0、不计付利息）和试点情况来看，数字人民币发行的主要影响在国内，对人民币国际化的影响十分有限；但在长期内，随着 CBDC 在全球的普及和应用，CBDC 的技术竞争、设计方案竞争以及应用场景竞争可能会异常激烈，届时数字人民币的技术实力将与中国经济、贸易、金融实力一道，成为决定人民币能否成为多元货币体系中"一元"的关键因素之一。

伴随着 CBDC 在全球主要经济体的普及和应用，以及数字技术、互联网经济、跨境电商、跨境社交媒体等的进一步发展，计息 CBDC 可能成为央行的普遍选择，CBDC 的底层技术和应用场景也会不断突破和丰富，CBDC 在国家间竞争方面会发挥更大的作用，届时弱国的货币或者技术实力不强的法定数字货币将面临极大的压力。一方面，这是由于 CBDC 的效果依赖于 CBDC 的使用规模，只有当整个金融设施生态系统可以进行互动时，CBDC 的优势才可以得以最大化体现。另一方面，当 CBDC 替代传统货币之后，央行的货币政策工具箱将得到极大的丰富，中央银行的数据信息获取量也将成为巨大的数字资产，强国将利用技术优势、数据优势和先进的设计理念来提升自身 CBDC 的国际地位。因此，本书的政策建议是：

第一，货币数字化是货币形态发展和演变的必然趋势，在中短期内，中国要继续加强当前版本数字人民币的研发、试点和推广工作，不断优化和完善数字人民币的设计和技术。

CBDC 的经济影响与其设计方案有着密不可分的联系，设计良好的 CBDC 有助于调动市场主体的积极性，形成良好的金融生态，增进支付工具的竞争和支付效率，进而提升社会福利。CBDC 的设计方案多种多样，不同国家的 CBDC 有着不同的设计语言，因此中国人民银行应当从中国的国情出发，不断优化数字人民币的设计方案，使之更好地适配市场的需求，进一步提升中国支付体系的竞争力与活力。当前数字人民币的定位，总体上是符合中国的实际情况的并能保证金融体系的稳定。接下来，数字人民币的设计完善与进一步试验要充分考虑并发挥中国在超大市场规模、互联网大国、移动支付、贸易大国以及制造业大国等方面的优势。

第二，在较长一段时期内，数字人民币与人民币国际化的直接关联度并不大，二者有相对独立的逻辑，因此不论是数字人民币的研发工作还是人民币国际化的推进都应该稳中求进，没有必要为了人民币国际化而强行加快数字人民币的推广，也没有必要为了加快数字人民币的国际推广而过快推行金融开放等制度改革。

数字人民币的国际使用目前仍存在一定的技术障碍，若不考虑实际情况而片面追求人民币国际化的速度会带来较大的金融风险。中国应全面评估数字人民币（尤其是跨境流通和使用）可能带来的风险与挑战，进一步确立和完善相关法律法规及配套金融监管制度的建设，为数字人民币的发行与流通提供制度保障。

第三，鉴于未来全球会进入 CBDC 全面竞争时代，国家对 CBDC 的技术储备十分重要，中国人民银行应着眼未来，在当前版本的基础上继续研发基于更先进技术和更优设计方案的数字人民币，为未来的国际货币竞争做准备。

在技术层面，一方面，中国人民银行需要积极同国内支付、金融科技、数字技术等领域的重要公司合作研发，还需要在数字人民币的实际推广和应用中不断改进，在实践中学习，在动态演变中选择适合中国国情的技术路线；另一方面，数字人民币的研发与试点工作也要充分考虑国际规则和标准，力争在国际上占据先发优势并能适应未来的国际货币体系。CBDC 的发行在某种意义上可能会出现强国货币替代弱国货币的现象，进一步加剧了国际货币体系的不对称性。中国应该积极参与数字货币领域国际规则和标准的制定，为构建更加公平公正的国际政治经济新秩序贡献中国方案。

在政策设计层面，加息的、应用场景更丰富的数字人民币对宏观经济和微观市场主体的影响如何、福利后果如何？其最优发行机制和货币政策应该是怎样的？中国人民银行应当如何权衡数字人民币的独特性、可编程性以及互联性？这些重要问题都需要提前考虑和预判。中国人民银行应该未雨绸缪、加大理论层面的研究，进行科学而深入的模拟分析，并提前开展试点试验，为未来的数字人民币政策设计提供科学支撑，使其能更好地参与未来的国际货币竞争。

# 参考文献

**中文文献**

B. R. 米切尔，2002，《帕尔格雷夫世界历史统计：亚洲、非洲和大洋洲卷 1750—1993 年》，贺力平译，经济科学出版社。

B. R. 米切尔，2002，《帕尔格雷夫世界历史统计：美洲卷 1750—1993 年》，贺力平译，经济科学出版社。

B. R. 米切尔，2002，《帕尔格雷夫世界历史统计：欧洲卷 1750—1993 年》，贺力平译，经济科学出版社。

保建云，2021，《人民币数字化与世界数字货币体系构建》，中国社会科学出版社。

蔡昉，2017，《金德尔伯格陷阱还是伊斯特利悲剧？——全球公共品及其提供方式和中国方案》，《世界经济与政治》第 10 期。

曹红辉、周莉萍，2009，《国际货币体系改革方向及其相关机制》，《国际金融研究》第 9 期。

曹远征等，2013，《人民币国际化战略》，学习出版社。

陈雨露、王芳、杨明，2005，《作为国家竞争战略的货币国际化：美元的经验证据——兼论人民币的国际化问题》，《经济研究》第 2 期。

丁志杰、李少昆、张堃，2017，《我国国际收支的金融调整渠道分析》，《国际贸易》第 9 期。

董彦岭、陈琳、孙晓丹、王菲菲，2010，《超主权货币：理论演进与实践发展》，《国际金融研究》第 4 期。

范志勇、沈俊杰，2009，《估值效应与中国外汇储备损益评估》，《学习与探索》第 4 期。

华民、于换军、孙伊然、陆志明，2005，《从欧元看货币一体化的发展前景》，《世界经济》第 5 期。

李稻葵、尹兴中，2010，《国际货币体系新架构：后金融危机时代的研究》，《金融研究》第 2 期。

李晓、冯永琦，2012，《国际货币体系改革的集体行动与二十国集团的作用》，《世界经济与政治》第 2 期。

李永宁、郑润祥、黄明皓，2010，《超主权货币、多元货币体系、人民币国际化和中国核心利益》，《国际金融研究》第 7 期。

廖泽芳、雷达，2012，《全球经济失衡的利益考察——基于估值的视角》，《世界经济研究》第 9 期。

刘凯，2020，《加征关税如何影响美国贸易逆差及全球福利——基于美元本位下两国动态一般均衡框架的分析》，《金融研究》第12期。

刘凯、郭明旭，2021，《央行数字货币的发行动机、设计方案及其对中国的启示》，《国际经济评论》第3期。

刘凯、李育、郭明旭，2021，《主要经济体央行数字货币的研发进展及其对经济系统的影响研究：一个文献综述》，《国际金融研究》第6期。

吴书画，2019，《日本对外贸易格局的历史演变、成因及启示——基于中美贸易摩擦的视角》，《福建金融》第1期。

肖立晟、陈思翀，2013，《中国国际投资头寸表失衡与金融调整渠道》，《经济研究》第7期。

谢峰，2017，《国际收支的金融调整渠道研究》，对外经济贸易大学博士学位论文。

杨盼盼、徐建炜，2014，《"全球失衡"的百年变迁——基于经验数据与事实比较的分析》，《经济学（季刊）》第2期。

余淼杰、郑纯如、黄滉铨，2019，《美国贸易政策的历史演变及启示》，《长安大学学报》（社会科学版）第5期。

余永定，2021，《国际货币体系演变与中国的定位——评〈变化中的国际货币体系：理论与中国实践〉》，《新金融评论》8月。

**英文文献**

Beck, Guenter W., and Volker Wieland, 2008, "Central Bank Misperceptions and the Role of Money in Interest – rate Rules", *Journal of Monetary Economics* 55 (S1): 1 – 17.

Beck, Guenter W. , and Volker Wieland, 2007, "Money in Monetary Policy Design: A Formal Characterization of ECB – Style Cross – Checking", *Journal of the European Economic Association* 5 (2 – 3): 524 – 533.

Bénassy – Quéré Agnès, and Jean Pisani – Ferry, 2011, "What International Monetary System for a Fast – Changing World Economy", *Bruegel Working Paper*.

Benati, Luca, and Charles Goodhart, 2011, "Monetary Policy Regimes and Economic Performance: The Historical Record, 1979 – 2008", *Handbook of Monetary Economics*: 1159 – 1236.

Bernanke, B. S. , and Mark Gertler, 2001, "Should Central Banks Respond to Movements in Asset Prices?", *American Economic Review* 91 (2): 253 – 257.

Bruno, Valentina, and Hyun Song Shin, 2015, "Cross – Border Banking and Global Liquidity", *The Review of Economic Studies* 82 (2): 535 – 564.

Bush, Oliver, Katie Farrant, and Michelle Wright, 2011, "Reform of the International Monetary and Financial System", *Bank of England Financial Stability Paper*, No. 13.

Canzoneri, Matthew, Robert Cumby, and Behzad Diba, 2010, "The Interaction Between Monetary and Fiscal Policy", *Handbook of Monetary Economics*: 935 – 999.

Cenuse, Melinda, and Imola Driga, 2010, "Advantages and Disadvantages of the Euro", *Annals of the University of Petrosani* 10 (3): 61 –68.

Coimbra, Nuno, and Hélène Rey, 2017, "Financial Cycles with Heterogeneous Intermediaries", *NBER Working Papers*, No. 23245.

Curcuru, Stephanie E. , Charles P. Thomas, and Francis E. Warnock, 2013, "On Returns Differentials", *Journal of International Money and Finance* 36 (9): 1 –25.

Cúrdia, Vasco, and Michael Woodford, 2010, "Credit Spreads and Monetary Policy" *Journal of Money, Credit and Banking* 42 (S1): 3 –35.

Dailami, Mansoor, and Paul Masson, 2009, "The New Multi – Polar International Monetary System", *World Bank Policy Research Working Paper*, No. 5147.

Dobson, Wendy, and Paul Masson, 2009, "Will the RMB Become a World Currency?", *China Economic Review*, 20 (1): 124 –135.

Kenen, Peter, 2011, "Beyond the Dollar", *Journal of Policy Modeling* 33 (5): 750 –758.

Dorrucci, Ettore, and Julie McKay, 2011, "The International Monetary System after the Financial Crisis", *ECB Occasional Paper*, No. 123.

Mario, Draghi, 2017, "Structural reforms in the Euro Area", *BIS Central Bank Speech*.

Eichengreen, Barry, and Marc Flandreau, 2009, "The Rise and Fall of the Dollar (or When did the Dollar Replace Sterling as the Leading Reserve

Currency?)", *European Review of Economic History* 13 (3): 377 – 411.

Engel, Charles, 2006, "Equivalence Results for Optimal Pass – through, Optimal Indexing to Exchange Rates, and Optimal Choice of Currency for Export Pricing" *Journal of the European Economic Association* 4 (6): 1249 – 1260.

Fahr, Stephan, Roberto Motto, Massimo Rostagno, Frank Smets, and Oreste Tristani, 2013, "A Monetary Policy Strategy in Good and Bad Times: Lessons from the Recent Past" *Economic Policy* 28 (74): 243 – 288.

Farhi, Emmanuel, and Ivan Werning, 2012, "Dealing with the Trilemma: Optimal Capital Controls with Fixed Exchange Rates", *NBER Working Papers*, No. 18199.

Farhi, Emmanuel, and Matteo Maggiori, 2018, "A Model of the International Monetary System", *The Quarterly Journal of Economics* 133 (1): 295 – 355.

Frankel, Jeffrey A. , 2016, "International Coordination", *NBER Working Papers*, No. 21878.

Fratzscher Marcel, and Arnaud Mehl, 2014, "China' s Dominance Hypothesis and the Emergency of a Tri – Polar Global Currency System", *The Economic Journal* 124 (581): 1343 – 1370.

Gerlach, Stefan, and Lars E. O. Svensson, 2003, "Money and Inflation in the Euro Area: A Case for Monetary Indicators?" *Journal of Monetary Economics* 50 (8): 1649 – 1672.

Goldberg, Linda, and Cédric Tille, 2009, "Micro, Macro, and Strategic Forces in International Trade Invoicing ", *NBER Working Paper*, No. 15470.

Goldberg, Linda S. , 2010, "Is the International Role of the Dollar Changing?", *Current Issues in Economics and Finance*, 16 (1): 1 –7.

Gopinath, Gita, and Jeremy C. Stein, 2021, "Banking, Trade, and the Making of a Dominant Currency", *Quarterly Journal of Economics* 136 (2): 783 –830.

Gopinath, Gita, Oleg Itskhoki, and Roberto Rigobon, 2010, "Currency Choice and Exchange Rate Pass – Through", *American Economic Review* 100 (1): 304 –336.

Gopinath, Gita, 2015, "The International Price System", *NBER Working Papers*, No. 21646.

Gourinchas, Pierre – Olivier, Helene Rey, 2007, "International Financial Adjustment", *Journal of Political Economy* 115 (4): 665 –703.

Gourinchas, Pierre – Olivier, and Rey Helene, 2014, "External Adjustment, Global Imbalances, Valuation Effects", *Handbook of International Economics*: 585 –645.

Gourinchas, Pierre – Olivier, and Maurice Obstfeld, 2012, "Stories of the Twentieth Century for the Twenty – First", *American Economic Journal: Macroeconomics* 4 (1): 226 –265.

Gourinchas, Pierre – Olivier, Helene Rey, and Nicolas Govillot, 2010,

"Exorbitant Privilege and Exorbitant Duty", *IMES Discussion Paper Series*, *No.* 10.

He, Zhiguo, Arvind Krishnamurthy, and Konstantin Milbradt, 2019, "A Model of Safe Asset Determination", *American Economic Review* 109 (4): 1230 – 1262.

Ilzetzki Ethan, Carmen M. Reinhart, Kenneth S. Rogoff, 2017, "The Country Chronologies and Background Material to Exchange Rate Arrangements in the 21st Century: Which Anchor Will Hold?", *NBER Working Papers*, No. 23135.

IMF, 2018, "Considerations on the Role of the SDR", *Policy Paper*.

IMF, 2016, "The Role of the SDR – Initial Considerations", *Staff Note*.

Ivashina, Victoria, David S. Scharfstein, and Jeremy C. Stein 2015, "Dollar Funding and the Lending Behavior of Global Banks", *The Quarterly Journal of Economics* 130 (3): 1241 – 1281.

King, Michael, and Carlos Mallo, 2010, "A User's Guide to the Triennial Central Bank Survey of Foreign Exchange Market Activity", *BIS Quarterly Review*.

Korinek, Anton, and Alp Simsek, 2016, "Liquidity Trap and Excessive Leverage", *American Economic Review* 106 (3): 699 – 738.

Kydland, Finn E., and Edward C. Prescott, 1977, "Rules Rather Than Discretion: The Inconsistency of Optimal Plans", *Journal of Political Economy* 85 (3): 473 – 491.

Lane, Philip R. , and Jay Shambaugh, 2010, "Financial Exchange Rates and International Currency Exposures", *American Economic Review* 100 (1): 518 –540.

Lane, Philip R. , and Gian M. Milesi – Ferretti, 2001, "The External Wealth of Nations: Measures of Foreign Assets and Liabilities for Industrial and Developing Countries", *Journal of International Economics* 55 (2): 263 –294.

Lane, Philip R. , and Gian M. Milesi – Ferretti, 2018, "The External Wealth of Nations Revisited: International Financial Integration in the Aftermath of the Global Financial Crisis", *IMF Economic Review* 66 (1): 189 –222.

Milesi – Ferretti, Gian M. , and Lane Philip, 2017, "International Financial Integration in the Aftermath of the Global Financial Crisis", *IMF Working Papers*, No. 115.

Leeper, Eric M. , 1991, "Equilibria Under 'Active' and 'Passive' Monetary and Fiscal Policies", *Journal of Monetary Economics* 27 (1): 129 – 147.

López – Córdova, Ernesto J. , and Christopher M Meissner, 2003, "Exchange – Rate Regimes and International Trade: Evidence from the Classical Gold Standard Era", *American Economic Review* 93 (1): 344 –353.

Maggiori, Matteo 2017, "Financial Intermediation, International Risk Sha-

ring, and Reserve Currencies", *American Economic Review* 107 (10):
3038 – 3071.

Mauro, Paolo, Rafael Romeu, Ariel Binder, and Asad Zaman 2015, "A
Modern History of Fiscal Prudence and Profligacy", *Journal of Monetary
Economics*, 76: 55 – 70.

McCauley, Robert N. , and Catherine R. Schenk, 2014, "Reforming the
International Monetary System in the 1970s and 2000s: Would an SDR
Substitution Account Have Worked?", *BIS Working Paper*, No. 444.

Miranda – Agrippino, Silvia, and Hélène Rey, 2015, "US Monetary Policy
and the Global Financial Cycle", *NBER Working Papers*, No. 21722.

Campanella, Miriam, 2014, "The Internationalization of the Renminbi and
the Rise of a Multipolar Currency System", *ECIPE Working Paper*,
No. 1.

Mursa, Gabriel, 2016, "Euro – Advantages and Disadvantages", *CES
Working Papers* 6 (3): 60 – 67.

Nye, Joseph Samuel, 2017, "The Kindleberger Trap", https: //www-
project – syndicateorg/commentary/trump – china – kindleberger – trap –
by – joseph – s – – nye – .

Obstfeld, Maurice, and Kenneth Rogoff, 1995, "The Intertemporal Ap-
proach to the Current Account", *Handbook of International Economics*:
1731 – 1799.

Obstfeld, Maurice, 2012, "Does the Current Account Still Matter?", *A-*

*merican Economic Review* 102 (3): 1 –23.

Obstfeld, Maurice, and Alan M. Taylor 2017, "International Monetary Relations: Taking Finance Seriously", *Journal of Economic Perspectives* 31 (3): 3 –28.

Palankai, Tibor, 2015, "The Introduction of the Euro and Central Europe", *Economics & Sociology* 8 (2): 51 –69.

Passari, Evgenia, and Hélène Rey, 2015, "Financial Flows and the International Monetary System", *NBER Working Papers*, No. 21172.

Reinhart, Carmen M., and Kenneth S. Rogoff, 2009, "The Aftermath of Financial Crises", *American Economic Review* 99 (2): 466 –472.

Rey, Hélène, 2015, "Dilemma Not Trilemma: The Global Financial Cycle and Monetary Policy Independence", *NBER Working Papers*, No. 21162.

Ryan John, 2015, "Chinese Renminbi Arrival in the 'Tripolar' Global Monetary Regime", *China & World Economy* 23 (6): 44 –55.

Sargent, Thomas J., and Neil Wallace, 1981, "Some Unpleasant Monetarist Arithmetic", *Quarterly Review.*

Smets, Frank, 2014, "Financial Stability and Monetary Policy: How Closely Interlinked?", *International Journal of Central Banking* 10 (2): 263 –300.

Stein, Jeremy C., 2012, "Monetary Policy as Financial Stability Regulation", *The Quarterly Journal of Economics* 127 (1): 57 –95.

Svensson, Lars E. O., 2011, "Inflation Targeting" Handbook of Monetary

Ecomics Vl. 3 127 – 130.

Teal Francis and Markus Eberhardt 2010 “Productivity Analysis in Global Manufacturing Production” *Economics Series Working Papers* No. 515.

Woodford Michael 2008 “How Important Is Money in the Conduct of Monetary Policy?” *Journal of Money, Credit and Banking* 40 (8): 1561 – 1598.

Zöllner Peter 2016 “The Renminbi in the SDR Basket and Its Future Role in the International Financial System” *BIS Speech*.